君がイキイキしていると、僕はうれしい。

生まれ変わる小さな62の行動

中谷彰宏
AKIHIRO NAKATANI

自由国民社

うまくいく
ことより
生き生き
している方がいい

中谷彰宏

あきひろ

この本は、3人のために書きました。

1

不安を抜け出して、イキイキしたい人。

2

頭ではわかっているけど、
どうすればいいかわからない人。

3

凹んでいる部下のモチベーションを
上げたい上司。

プロローグ

01

行動を変えると、「知ってる」が「わかる」に変わる。意識が変わると、行動を変えたくなる。

イキイキしている人は、生まれ変わっている人です。

「頭ではわかっているけど、どうしていいかわからない」

イキイキするには、

① 意識を変える

② 行動を変える

という2つの方法があります。

つい意識を変えるところから入った方が簡単だと考えます。

意識は、形のないものです。

意識を変える方が、難しいのです。

自分の意識が変わったかどうかは、本人にもよくわかりません。

研修する側の上司も、部下の意識が変わったかどうかは把握できません。

「意識と行動を変えたい」と思っても、「意識は変わったけど、行動が変わらない」となりがちです。

いい話を聞いたり、いい本を読んで、頭ではわかったつもりになっても行動を変えられない人がいます。

実際は、意識を変えて行動を変えるより、行動を変えてから意識を変える方が簡単です。

「頭ではわかっているけど」と言うのは、わかっているのではありません。

知っているだけです。

「知っている」と「わかっている」には天地の開きがあります。

その人の意識が本当に変わったかどうかは、行動でわかります。

行動が変わっていなければ、その人の意識は変わったことにはなりません。

意識が変わるのは、「わかった」という状態です。

意識が変わっても行動が1ミリも変わっていなければ、その人の意識はひとつも変わっていません。

働き方改革・学び方改革・生き方改革をしたり、人間が成長するというのは、イキイキしていくことです。

イキイキする簡単な方法は、小さな行動を変えていくことなのです。

イキイキする
小さな行動

01

行動を変えることで、意識を変えよう。

イキイキする小さな行動62

01 — 行動を変えることで、意識を変えよう。

02 — 運命の人と思って、人に会おう。

03 — それ以外に一緒にできる企画を、その場で作ろう。

04 — お詫びを、次の企画で返そう。

05 — 「ああ、よく寝た」と声に出して言おう。

06 — 「疲れた」より「頑張った」と言おう。

07 — 起きたら、歯を磨こう。

08 — 窓を開けて、風を入れよう。

09 — 無生物にも、挨拶しよう。

10 — 「起きたら作戦が浮かんでる」と言って寝よう。

11 — わざと「続き」にしよう。

12 — 即席企画書を、スマホで写真を撮って、オリジナルを渡そう。

13 — 迷ったら、見た目より、においで判断しよう。
14 — 「なるほど」より「まさか」の方を選ぼう。
15 — 思うだけでなく、声に出して言おう。
16 — 美しいものを見よう。
17 — 仕事は、仕事キャラでしよう。
18 — 自分の弱さを見せられる人を一人持とう。
19 — ボツになったらすぐ再トライしよう。
20 — 間違ったところに、×ではなく○をつけよう。
21 — 苦手な人のナイーブなところを、見つけよう。
22 — 大きい幸せより、小さい幸せを感じよう。
23 — 物語を、お土産にしよう。
24 — 説明するより、エピソードを話そう。
25 — 理由がある喜びより、理由がない悦びを感じよう。
26 — 正面突破しよう。

27 ―― 苦手な人には、礼儀正しく、無視する。
28 ―― 決断力より、価値軸を持とう。
29 ―― まず、手放そう。
30 ―― 復讐したい人には、無視する。
31 ―― 「店長オススメ」でない方を選ぼう。
32 ―― 「手が震えること」をしよう。
33 ―― 見返りを、放棄しよう。
34 ―― 「まだダメ」より「まだできる」と試そう。
35 ―― 小さい行動の数を増やそう。
36 ―― 苦手なものには、名前をつけよう。
37 ―― 「ラブコメのわき役」より、「悲劇の主人公」を選ぼう。
38 ―― 他人の答えより、自分の答えを選ぼう。

39 — 予定通りを、手放そう。
40 — 道があるところを、歩かない。
41 — 体当たりしよう。
42 — 誰かのストレスを取り除こう。
43 — めんどくささを、楽しもう。
44 — 不安ジムで、快適ゾーンを広げよう。
45 — 自分の不完全を認めよう。
46 — 「好きにしてください」より「頑張ってください」と言おう。
47 — 難しいことに、挑もう。
48 — 小さい成長を、繰り返す。
49 — ストレスの原因から、遠ざかろう。
50 — すぐ相談しよう。
51 — 「考えない」ではなく、別のことをする。

52 —— 現実を変えずに、解釈を変えよう。
53 —— 明日する楽しいことを考えよう。
54 —— 「ちょっと頑張ればできること」をやろう。
55 —— 大量の仕事をしよう。
56 —— 慰めより、刺激をもらおう。
57 —— 評価より、プランBをだそう。
58 —— 小さな親切をしよう。
59 —— ノートに、余白を作ろう。
60 —— 書きまちがいを、アイデアにしよう。
61 —— 体全体で、笑おう。
62 —— イキイキする方を、選ぼう。

目次

プロローグ

01 行動を変えると、「知ってる」が「わかる」に変わる。意識が変わると、行動を変えたくなる。 6

CHAPTER 1

まずは、行動を変えよう。

02 怒鳴るから、ムッとする。勉強するから、好きになる。 22

03 仕事の流れを、直線ではなく、らせんにする。終わりを、次の始まりにする。 25

04 最大のお礼は、次の企画を作ることだ。メールには、企画を入れる。 29

05 目が覚めたら、「ああ、よく寝た」と声に出して言う。 32

06 疲れたのではない。頑張ったんだ。 35

07 歯を磨くと、目が覚める。 37

08 窓をあけて風を入れると、リセットできる。 40

09 朝、起きたら、挨拶をする。 43

10 寝る前に、「明日は、〇〇時に目が覚める」と口に出す。 46

11 面白い本は、読み終わらずに寝て、明日の楽しみに残すと目が覚める。 49

CHAPTER

2

明日を変えよう。

12 打合せは、その場で企画書を書き上げてしまうと長引かない。 54

13 ゴキゲンでいる人は、いい匂いがする。 57

14 「まさかの事態」で、自分を試す。「まさかの事態」で、自分を変身させる。 61

15 明るくなる7つの言葉を、声に出す。 64

16 美しいものを見ると、エネルギーと優しさが湧いてくる。 68

17 もう1人の自分のキャラを、自分で持つ。 72

18 グズグズな自分を見せても、受け入れられる親友を持つ。 75

19 企画は、ボツの直後が、一番通りやすい。 78

20 間違った数だけ、点数はアップする。 81

21 苦手な人にも、ナイーブなところがある。 84

22 ガッツポーズの大きな幸福より、小さな静かな至福を味わう。 88

CHAPTER

3

価値観を変えよう。

23 お土産は、モノより物語をプレゼントする。 92
24 体験談から、出会いが生まれる。 94
25 与えてもらう喜びより、与える悦びを感じる。 97
26 投影に過ぎない。不安の弱点は、正面。 99
27 好きな人には、礼儀正しく、図々しくする。 102
28 決断力が要ることは、価値を感じていないので、しなくていい。 104
29 「要る」と思っていても、「なくても困らないこと」がある。価値軸は、手放すことで、手に入る。 108
30 無視が、最高の復讐になる。 110
31 ワクワクは、「安全第一」でない方にある。 112
32 体験とは、「手が震えること」をすることだ。 116

CHAPTER

4

自分を変えよう。

33 覚悟とは、バンジージャンプをすることではない。見返りを放棄することだ。 120

34 「自信」とは、「どこかまだよくできる」と感じることだ。 122

35 自分のやりたいことを見つけるには、数をこなすこと。独創は、多作から生まれる。 125

36 名前をつけると、自分のものになる。 128

37 つらい現実は、物語として受け止める。自分の物語と考えると、主人公になれる。 132

38 自分の冒険に、責任を持つ。 135

39 イキイキは、予定を離れたところから生まれる。 138

40 歩きやすい道があったら、ワナだ。 142

41 びくとも動かない壁に、体当りする。少しは、動いている。協力者が、あらわれる。 145

CHAPTER

5

面倒や苦手を楽しもう。

42 ストレスを取り除くのではなく、悦びでストレスを快感に変える。 150

43 すべての人が、超能力を持っている。面倒の中で、超能力が出てくる。 152

44 不安は、筋トレと同じ。反復で、強くなる。 155

45 自分の不完全を認めることで、人に寛大になれる。スピードも、速くなる。 158

46 苦手な人を倒すより、許す。苦手な人を許すことで、自己肯定感が上がる。 160

47 面倒に立ち向かうことで、仲間とメンターと新しい自分に出会う。 163

48 面倒は、変身することで、乗り越える。 165

49 ストレスの原因から遠ざかることも、攻めだ。 167

50 すぐ相談するのも、積極的行動だ。 169

51 好きなことでなくても、忙しいことで楽になる。 172

52 現実は、すべて幻想。美人も、幻想でできている。自分を変えるとは、見方を変えることだ。 175

CHAPTER

6

イキイキすることに、しよう。

53 好きなことのリストアップをする。 180

54 したいことを、分類する。 183

55 大量の仕事をすることで、執着がなくなる。 185

56 慰めでは、慰められない。 187

57 「だから、ダメだ」より、「だったら、こうしよう」。 189

58 「自分にメリットがあるか」ではなく、「誰かにメリットがある」と考えて行動する。 191

59 アイデアは、余白にやってくる。 193

60 きれいなコピーよりも、手書きが頭に残る。 195

61 マスクをしても、笑顔がわかるようにする。 197

62 うまくいかなくていい。イキイキすれば、いい。 199

CHAPTER 1

まずは、行動を変えよう。

02

怒鳴るから、ムッとする。
勉強するから、好きになる。

コンビニで、ストレスがたまっていて怒鳴る人がよくいます。

会社では、上司がよく部下を怒鳴ります。

この時の勘違いは「あの人は怒っているから、怒鳴っている」と思うことです。

実際は、逆です。

怒鳴るから、怒りたくなるのです。

「怒ったから怒鳴る」は、行動より感情が先にある発想です。

上司の説教が止まらないのは、説教しているうちに、説教モードに入ってしまうのです。

アルコール依存症の人がお酒を飲んで、止まらなくなるのと同じです。

どうしたら勉強を好きになることができるでしょう。

勉強が好きな人は、学生時代も、社会人になってからも勉強を続けています。

「もともと進学校には勉強を好きな子がいるから勉強するんだ」という発想は、実際は逆です。

勉強好きな生徒は、休み時間も授業よりレベルの高い話をしているから勉強が好きになるのです。


これは仕事も同じです。

「好きな仕事を探す」というのは、論理が逆転しています。

まだ何もしていないのに好きになることはありません。

経験することで、「意外にこれも面白いな」とわかってきます。

人を好きになる場合も同じです。

好きだから会うのではありません。

会うから好きになるのです。

そうなると、する前に「選ぶ」という行為はまったく意味がありません。

「この仕事を自分が好きかどうか」は、経験しないと決まらないことです。

経験する前に選ぼうとすると、チャンスを逃します。

本来は好きになれたはずのものが、好きになれなくなります。

ほとんどの好きではないものは、食わず嫌いです。

「食べたけどおいしくない」ではなく、「おいしくないに違いない」という思い込みの感情です。

一口食べて、味わわないで口から出していると好きにはなれません。

「好きなことにどうしたらめぐり合えますか」と迷う人が多いです。

どんなことも、まず経験してから好きになります。

人に会う時は、「これは運命の人だ」と思って会うことです。

仕事をする時は、「これは運命の仕事だ」と思ってすれば、運命の仕事になるのです。

イキイキする
小さな行動

02

運命の人と思って、人に会おう。

03

仕事の流れを、直線ではなく、らせんにする。終わりを、次の始まりにする。

行動には、

① 直線運動

② らせん運動

という2つのパターンがあります。

今の仕事ができてから次の仕事を頼みに行くというやり方は、うまくいきません。

うまくいく人は、今の仕事をしながら、次の仕事の相談をします。

今と次の2つの仕事が並行して行われるのです。

僕は本を書く仕事をしています。

今の本の作業をしながら、その次の本の企画が並行して進んでいく人とは仕事を長く続けられます。

「この本が売れたらぜひお願いします」という展開になると、「売れなければしないんだな」という寂しい気持ちになります。

僕が大学生の時代にスピルバーグ監督が売れました。

スピルバーグ監督は、29歳で『ジョーズ』の撮影をしました。

その撮影中に、まだ駆け出しだった出演者のリチャード・ドレイファスに「今こんな映画を考えていて『UFOを見た何人かの人たちがいて……』という話をやろうと思うんだけど」と、『未知との遭遇』の話をしました。

リチャード・ドレイファスは「面白い。それをやろう。こうしたらどうです？」と、提案したそうです。

僕は博報堂時代、ロサンゼルスのロケに行く仕事の前に、上司に言われてモチベーションが上がった言葉があります。

「ロケに行ったら、ちゃんと仕事をしろよ」ではなく、**「次のロケハンをしてこい」**と言われたことです。

今の仕事のロケハンをしながら、次の企画のロケハンもするのです。

モデルさんのオーディションをする時も、今回の企画に合う人を探すのではなく、「こういう人がいることを覚えておこう」という形で会います。

今回の企画がうまくいかなくても、オーディションに来た人たちを頭の隅に置いておくと、「こういうことを次に頼もう」と企画できます。

レストランでは、注文が終わるとすぐにメニューを片づけてしまう人がいます。

それはとても寂しいです。

女性は「次回来た時、今度これを頼もう」という発想で、注文した後にメニューを見ます。

「メニューを1つ置いておきますね」と言ってあげる感覚が、うまくいく人のやり方です。

1つの仕事の終わりは、次の仕事の始まりになっているというらせんの感覚です。

西洋の発想は直線で、死んだら天国に行けるかどうかを考えます。

東洋の発想は、輪廻転生です。
常にまわっているというらせんの感覚で仕事をすることが大切なのです。

イキイキする
小さな行動

03

それ以外に一緒にできる企画を、その場でつくろう。

04

最大のお礼は、次の企画を作ることだ。メールには、企画を入れる。

お礼でするべきことは、次の企画を考えることです。

「ありがとうございました」は、もちろん言っていいです。

その上で「こういうアイデアを思いついているので、今度ぜひ一緒にお願いできませんか」という形で依頼します。

一番つまらないのは「ありがとうございました」で終わるメールです。

「ありがとうございました」は、円ではなくて線の終わりのような、すごく寂しい文言です。

「ありがとうございました」は、とりあえず無難になるので、書く側としてはラクな言葉なのです。

たとえば「一緒にごはんを食べに行きましょう」と誘った時の返事は、

①「ぜひ行きます」
②「ごめんなさい」

の2通りしかありません。

「ごめんなさい。誘ってくれてありがとうございます」で終わると、「もう今度から誘わないでくださいね」という意味になります。

「ぜひ行きます」「今日は行けない」のどちらにしても、すぐに「今度はここに行きませんか」と提案するのが、うまくいく人なのです。

あるベンチャー企業の有名な経営者は、年がら年中、新しいプロジェクトを考えていて、仲間のベンチャー起業家を誘います。

ベンチャーですから、成功するのは2分の1どころか１００分の1です。

夢のような企画ほど、お金を投資すると、パアになることもあります。

ある企画が、面白かったけど、パアになりました。

すると、誘ったベンチャー企業の社長さんが「お話があります」と、仲間のベンチャー企業に行きました。

投資した側は「今回の企画がパアになりまして、すみません」と、謝りに来たと思います。

実際は、謝るどころか、次の企画を持ってきました。

それでも、また投資したのです。

投資家は腹が据わっています。

済んだことを謝られても仕方がありません。

謝る時でも、次の企画を持っていくことです。

どんなに土下座をされて謝られても、そこからは何も生まれません。

野球なら、取り返すために次の打席で打つことを考えるのです。

どれだけその人がお詫び上手か、お礼上手かは問題ではありません。

どちらも次の企画を持っていくことに勝るものはないのです。

イキイキする
小さな行動

04

お詫びを、次の企画で返そう。

０５

目が覚めたら、「ああ、よく寝た」と声に出して言う。

「自分は仕事が雑で、生活がグダグダしている。これをなんとかしたい」とすべての人が感じています。

いきなり行動を全部変えるのは難しいです。

まず小さな１つを変えます。

小さな１つを変えると、あとはいい意味でのドミノ倒しのようにすべてのことが変わります。

その時は、朝起きる時間を一定にします。

何時でもいいです。

早く起きる必要はありません。

精神論だけで考えると、「よし、夜明け前だ」と、夜明け前に頑張って起きて続かないことがあります。

大切なのは、同じ時刻に規則正しく起きることです。

そのためには、続けられる時間でムリしないことです。

まじめで一生懸命な人なら、グダグダにならないということはありません。

まじめさや一生懸命さとグダグダとは関係性がないのです。

まじめで一生懸命な人のほうが、早く起きようと頑張りすぎて続かないことがあります。

夜中遅くまで頑張りすぎるという場合もあります。

夜は何時に寝てもかまいません。

朝同じ時刻に起きていると、夜は勝手に眠くなるのです。

前の晩に頑張りすぎると、「朝起きた時に眠かったらどうしよう」という問題が起こります。

この解決策は、朝起きた時に「ああ、よく寝た」というひと言を声に出して言うことです。

「ああ、よく寝た」と思おうとするのは意識を変えることです。

「ああ、よく寝た」と**声に出して言うのが行動です。**

意識と行動は似ていても、心の中で唱えているだけでは行動になっていません。

これは、怒鳴ると怒りたくなるのと同じです。

「ああ、よく寝た」と声に出して言うと、脳が「あ、そうなんだな」と、自分の発した言葉で錯覚するのです。

イキイキする
小さな行動

05

「ああ、よく寝た」と声に出して言おう。

06

疲れたのではない。頑張ったんだ。

僕の同期のソノベ君は、「あのコ、かわいくない？」と言った10分後には「チョーかわいい」と言います。

最初に「ちょっとかわいい」と口に出し、繰り返しているうちに、自分の中で「チョーかわいい」となるのです。

赤ちゃんがかわいいのは、みんなが「かわいい、かわいい」と言うからです。

いい反復を自分自身の中で繰り返すのが、うまくいくコツです。

言葉の反復という行動によって、自分の気分が変化します。

ソノベ君は、どこに転勤になっても、「この仕事、向いているかも」とニコニコ笑っていました。

外で仕事をして帰ってきた時はヘトヘトの状態です。

つい「ああ、疲れた」と言います。

それを家族が聞くと、「私だって疲れてるのよ」と言い始めます。

同じ疲れている状態でも、「今日は頑張った」と言うことです。

そうすると、その言葉を聞いた家族が「自分も頑張った」という気持ちになります。

子どもも「今日は学校で頑張った」という気持ちになります。

自分の頑張りが足りなくて疲れたのではありません。

頑張って疲れたのだから、「頑張った」と言えばいいのです。

マラソンは、ゴールするたびにハマります。

ゴールした時に「疲れた」と言う人はあまりいません。

ほとんどの人が「頑張った」と笑っているのです。

イキイキする
小さな行動

06

「疲れた」より「頑張った」と言おう。

07

歯を磨くと、目が覚める。

生活がイキイキしている人は、朝のルーティンがあります。

人間は、朝起きた時にいきなり全速力にはなれません。

まず、睡眠モードから活動モードへ変わるホルモンが出ます。

体温が上がり、血流がよくなり、脳や筋肉に血流が行き、体中が活動モードに切りかわるという途中のプロセスが必要です。

大切なのは、朝起きた時に活動モードに切りかえるホルモンを出すことです。

ルーティンでスイッチが入っていきます。

頭の中でいちいち判断しなくてもやり続けられることがいいのです。

イキイキしている人は、起きてすぐ歯を磨いています。

歯を磨くと、歯から神経に刺激が行きます。

歯は、体の中のいろいろな神経とつながっています。

歯を磨くことによって目が覚めて、活動モードになるのです。

朝起きて歯を磨くのは、虫歯にならないためではなく、実際は目を覚ますためです。

朝食を食べてから歯を磨くのではありません。

「歯を磨く」→「顔を洗う」という一連の動作は、実際は理にかなっています。

逆に言えば、寝る前に歯を磨いたら、目が覚めてしまいます。

もう1つ、朝起きて歯を磨くといいことがあります。

寝ている間は体の水分が減り、鼻呼吸よりも口呼吸の確率が高くなると口の中が乾燥します。

そうすると、口の中でウイルスや細菌が繁殖します。

そのまま置いておくと病気になります。

朝起きた時にするうがいと歯磨きは、口の中に繁殖しているものを追い出す効果が

あり、感染症の予防になるのです。

イキイキする
小さな行動

07

起きたら、歯を磨こう。

08

窓をあけて風を入れると、リセットできる。

イキイキしている人は、夜ではなく朝が強い人です。

朝が強いと1日の時間が圧倒的に増えます。

毎朝、自分の体内時計にスイッチを入れる1つの方法は、カーテンをあけて太陽光を浴びることです。

もう1つは、窓を開けて風を感じることです。

グズグズしている人は、窓を閉めたままにしがちです。

カーテンを開けると、光だけが入ります。

窓を開けるという行為で、外からの新鮮な空気が入ってきます。

たとえ冬場でも、外からの空気で一瞬ひんやりすることによって、起きるスイッチが入ります。

淀んだ気持ちもリセットできます。

本当の引き籠もりではなく、精神的なひきこもり状態をいったんリセットして、グズグズを解決することです。

そのために窓をあけて風を通すのです。

部屋が散らかると、最初につぶされるのは窓です。

窓をあけなくなるのです。

そうなると、部屋が散らかっていくという現象が起こります。

神社にはモノがありません。

そもそも壁はなく、柱だけでイケイケの状態になっています。

風通しが、その人にエネルギーを与えるからです。

窓を開け放しているひきこもりはいません。

扉と窓を閉めると、その人の中にエネルギーが湧いてこなくなります。

僕の高校時代の数学の加藤先生は、難しい問題を出してみんなが苦しんでいると、

「窓を開けなさい」と言いました。

これは、脳の酸素不足を補うためという意味があります。

それだけでなく、閉め切っているところでは火が燃えないのと同じような原理が働きます。

気持ちが切りかえられなくなるのです。

窓のない部屋で会議をすると、いいアイデアは出ません。

窓から遠くが見えると、脳への刺激になります。

もっとも脳の深いところに刺激を与えるのは嗅覚と触覚です。

そのためには、何か違う空気が体に当たることがいいのです。

窓を開けて、今淀んでいる空気の流れを外へ出すことが大切なのです。

09

朝、起きたら、挨拶をする。

人間関係で、グズグズしている人は、挨拶をしていないことです。

イキイキするには、まず挨拶をすることです。

ほとんどの人が「挨拶してます」と言います。

実際によく見てみると、その人は誰かに挨拶をされたら挨拶しているのです。

これは挨拶ではありません。

自分からするのが挨拶で、相手から挨拶されて返すのは返事です。

返事はしていても、挨拶はしていません。

挨拶と言えるのは、自分から先にした場合です。

挨拶モードに入っていない人は、1拍遅れるのです。

自分から1回でも挨拶できれば、その人は「挨拶モード」に入ります。

返事モードに入っている人は、相手に挨拶される前に挨拶ができるアイドリングが高まっていません。

「自分から先に挨拶してる？」と聞いて、「半々ぐらいですかね」と言うのは勘違いです。

①　全部自分から挨拶している人

②　全部返事の人

の2通りしかいません。

「挨拶モード」なのか「返事モード」なのかで分かれているのです。

人間関係のポイントは、人と会った時に、先に声をかける側にまわれるかどうかです。

後から声をかけると、その人間関係のイニシアチブはずっと後手後手に、下手（したて）にまわることになります。

これは仕事においても同じです。

人に会ったら、自分から先に声をかけます。

相手も早い可能性があります。

今日まだ誰とも会っていない人は、いかに挨拶モードのスイッチを入れておくかが勝負です。

そのためには、朝起きた時、必ず家族に先に挨拶します。

家族がいない人は、自分の好きなフィギュア・花・空・太陽、なんでもいい。無生物に向かって挨拶をします。

無生物のいいところは、毎回勝てることです。

そこで勝つことによって、1日活動する先手モードができ上がります。

「挨拶モード」とは、「先手モード」です。

後手後手にまわると、常に追いかけられて受け身になるので、自己肯定感が下がるのです。

イキイキする小さな行動

09

無生物にも、挨拶しよう。

10

寝る前に、「明日は、○○時に目が覚める」と口に出す。

いつもより早く起きる必要がある時に、「5時に起きなければいけない」と思うとしんどいです。

僕は、寝る前に「5時に目が覚める」と言います。

自分の目覚まし時計にスイッチを入れるように、「5時に目が覚める」と言って寝るのです。

「起きなければいけない」と「目が覚める」とでは、まったく違います。

たとえば、考えなければならない企画が大量にあって、寝てから考えることにしました。

寝ている間、脳は起きている時よりももっと活動してくれています。

起きている間は、インプットとアウトプットをします。

寝ている間に、脳の中でその整理が行われます。

企画は、実際はインプットの時でもアウトプットの時でもなく、頭の中で整理している間に生まれます。

だから睡眠時間はとても大切です。

「お願いします」とか「明日までにアイデアを思いつかなければ」ではありません。

「朝、起きたらアイデアが思いついている」と考えて寝ることです。

脳に命令しないことです。

「仕事をしなさい」「勉強しなさい」と言われると、したくなくなる子供と同じです。

「〇〇しなさい」という命令文は、していないものに対して言っているのです。

超能力者にスプーン曲げをする時に「何か念じているんですか」と聞くと、

「中谷さんは『曲がれ、曲がれ』と思ってないですか」

「思ってますね」

「僕は『曲がる、曲がる』と言ってます」

と教えてくれました。
「曲がれ」と言うのは、そのスプーンは固いと思っているからです。
その時点で、気持ちは曲がらない方向に行っています。
「曲がる、曲がる」と、相手はやわらかいモノだと思った言葉づかいをすることです。
命令形は必要ありません。
映画の撮影のために朝5時の始発に乗る時は、4時に起きなければなりません。
その時は「4時に目が覚める」と自分の中で言ってから寝ると目が覚めるのです。

イキイキする小さな行動 10

「起きたら作戦が浮かんでる」と言って寝よう。

11

面白い本は、読み終わらずに寝て、明日の楽しみに残すと目が覚める。

朝起きたくなる方法は、自分の中に朝のご褒美を用意しておくことです。

アメリカのＴＶシリーズは、いいところで「続く」となります。

僕が子どもの時に見ていた『巨人の星』もいいところで必ず終わります。

１話完結ではありません。

完結の直前で終わり、次回の頭で完結していくという展開です。

「いい所でつづく」を自分の生活の中でもします。

夜中の読書で「これ、最後まで読み切りたい」というところを途中で止めるのです。

朝起きて読む時のご褒美にします。

イキイキとは、早く明日に来てほしいということです。

「あれをしたいから起きる」という気持ちが、明日を楽しむ原動力になります。

ふだん仕事で起きるのがつらい人も、ゴルフの時はパッと目が覚めるのと同じです。

たとえば「ダイエットしているのにチョコレートがやめられない」と言う人がいます。

「やめなさい」と言われてガマンすると、夜中にこっそり食べたり、よけいに食べてしまいます。

「朝起きた時だけ食べていい」とすると、朝起きる時間も一定になって、食べる量も制限されます。

自分が好きなものを楽しめるようになります。

「何時まで本を読んでいても自由」とすると、たしかにその時は面白いです。

その結果、夜更かしして、次の日に朝寝坊してしまうのは犠牲が大きいです。

それよりは、本を最後まで読むのを引っ張るような制限を加えて、次の日も起きられる楽しみ方をすることです。

上岡龍太郎さんは、「マラソンはゴールが近づくとゴールしたくなくなる。逆向きに走りたくなる」と言っていました。

実際、フジＴＶの番組でご一緒した時、逆向きに走っていました。

ゴール前の最後の走りを長時間楽しみたいからです。

人にかけられる制限はイヤです。

自分で制限を加えて朝起きる楽しみを作ることを習慣にすればイキイキするのです。

イキイキする
小さな行動

11

わざと「続き」にしよう。

CHAPTER

2

明日を変えよう。

12

打ち合わせは、その場で企画書を書き上げてしまうと長引かない。

「打ち合わせが長引かないようにするにはどうしたらいいですか」と聞かれました。

打ち合わせは、どうしてもグズグズになります。

これは自分だけでなく、相手のせいでも起こります。

グズグズになっている相手に対してイキイキする方法は、自分の具体的な行動から始まります。

グズグズの打合せは、いつまでも形にしないことが原因です。

たとえば、相手がグズグズモードに入ってきました。

この後もまだ仕事や打ち合わせがあり、ケツカッチンの約束がある時は、目の前で企画書をつくってしまいます。

「タイトルは○○で、コンセプトは△△で、今ここで足りないものは明日の朝までにメールで送っておきます」という形で、とりあえずラフな企画書を目の前で作るのです。

会社で「ちょっといいかな」と言われて仕事を中断させられるのは、一番めんどくさいです。

必ず「ちょっと」では終わりません。

すぐ調べてわからないことは、「早速お調べしてご返事します」と言って、帰してしまうことが大切です。

相手が支離滅裂でグズグズな話をする人には、「1、○○　2、○○　3、○○」と、目の前で箇条書をして、相手の頭を整理してあげます。

目の前に紙を置いて書く習慣があると、グズグズな話にはなりません。

グズグズな話をする人は、自分がグズグズな話をしていることに気づきません。

紙を置いておくと、書くことが1つもないので、グズグズになっていることに気づけてグズグズを整理できます。

常に、即目の前で、ラフでもいいから企画書を作る形にします。

何か形にあらわす場合は、目の前でセロテープと紙だけでラフな模型をすぐつくってしまいます。

「これ、早速コピーとってきます」と、コピーを待つ時間ももったいないです。

スマホにカメラがあるので全部撮ることができます。

これで終わりという時は、スマホのカメラがちょうどいいのです。

スマホのカメラで今書いたもののコピーをとると、これ以上の紙が発生しないことを相手に伝えられます。

その紙を渡して、相手が立ち上がりやすいタイミングをつくればいいのです。

イキイキする
小さな行動

12

即席企画書を、スマホで写真を撮って、オリジナルを渡そう。

13

ゴキゲンでいる人は、いい匂いがする。

AかBかの決断で迷った時にうまくいく方法は、匂いで判断することです。

入ったことがない2軒の食べ物屋さんで迷った場合、どちらがいいかは見た目ではわかりません。

その時は匂いで判断します。

人間の目の発達は比較的新しいのです。

赤ちゃんの成長は、人間の進化をそのまま表しています。

赤ちゃんは最初のころは目がほとんど見えません。

すべての判断を、嗅覚と触覚で確かめます。

親猫にはおっぱいが6個あります。

6匹の子猫が生まれた時、自分が飲むお母さんの乳首を決めています。

間違えません。

目は見えなくても、それぞれ匂いが違うのです。

自分の匂いがする乳首を吸います。

匂いは、脳のスーパーコンピュータの部分で判断するので、視覚よりも精度が高いです。

ある民族は、お見合いして結婚する時に、結婚相手を匂いで決めます。

「この人はいい匂いがする」と感じるのは、香水的ないい匂いという意味ではありません。


人にはそれぞれ「満足の匂い」と「不満足の匂い」があります。

満足して幸せな時と不幸せな時にホルモンが出ます。

それぞれのホルモンに匂いがあるのです。

幸せホルモンや愛情ホルモンには匂いがあります。

通常の意識の上で匂いはわかりません。

「なんとなくこの人は感じがいい」というのは、その人から**愛情ホルモンや幸せホルモンが出ているのです。**

「この人はなんかイヤだな」と思うのは、感覚でも視覚でもなく、匂いの感覚です。

これは男性よりも女性の方が強く感じます。

赤ちゃんと接する時間が長いからです。

近距離感覚器といいます。

目は遠距離感覚器で、遠くのものを見ます。

触覚と嗅覚は近距離なので、接しているものから感じ取る判断の方が精度が高いです。

初めてのお店に入って「ここはいい感じがする」「いい感じがしない」と判断する分かれ目は匂いです。

「心地いい」「心地悪い」は、非科学的なことのように思いがちです。

現実にはきわめて科学的です。

気持ちに、匂いはあります。
迷った時に失敗するのは見た目で選んだものです。
イキイキしている人は、匂いで判断しているのです。

イキイキする
小さな行動

13

迷ったら、見た目より、においで判断しよう。

14

「まさかの事態」で、自分を試す。
「まさかの事態」で、自分を変身させる。

選択肢は、

①「なるほど」

②「まさか」

の2つです。

「なるほど」と言っている時には進化しません。

今まで通りでいいからです。

つい今まで通りを固めてしまいます。

「まさか」と言う時に、その人の潜在的な能力の扉をあけられるのです。

選択肢が2つある時に「まさか」の方を選ぶのは、今まで使ったことがない能力を発揮するチャンスです。

これがイキイキするということです。

ほとんどの場合は、今まで自分が得意な方、好きな方を選ぶので「なるほど」ばかりになります。

「まさか」を選ばないのは、慣れていなくて居心地が悪いからです。

つい自分の好きな絵の美術展だけに行きます。

美術は、好みの幅が広いです。

「何これ？」というものを見たり、自分の価値観では理解できないものに出会った時にイライラしてしまいます。

人生では自分の意見と違う体験をすることでイキイキするのです。

本を読んで「なるほど」では、今までその人が考えていたことをそのまま肯定してくれただけなので、あまり変化がありません。

僕のビジネススクールでは、受講後の感想として「今、混乱しています」と言う人の方が刺さっています。

「今までの自分の考えに背中を押してもらいました」と言う人は、生まれ変わっていません。

「なるほど」の体験は、簡単にできます。

自分から積極的に「まさか」の体験をしていくことです。

「まさか」の体験は、自分で選んでいかないと避けてしまうのです。

イキイキする
小さな行動

14

「なるほど」より「まさか」の方を選ぼう。

15

明るくなる7つの言葉を、声に出す。

人にエネルギーを与えたり、明るくなる言葉は、

①**「うれしい」**
②**「楽しい」**
③**「面白い」**
④**「きれい」**
⑤**「おいしい」**
⑥**「気持ちいい」**
⑦**「ありがとう」**

の7つがあります。

目標は、最低1日1回は全部使うことです。

夜に、「今日は○○がうれしかった」「○○が楽しかった」「○○が面白かった」「○○がきれいだった」と、日記につけます。

「この言葉は、今日まだ使ってないな」と思い出していきます。

1日を振り返ってみると、使わない言葉がけっこう多いとわかります。

男性は、「食べすぎた」はあっても、「おいしい」がありません。

中には、女性に「何見ても『かわいい、かわいい』と言うな」と怒る人がいます。

「かわいい」と言いながら、かわいいところが見つかったり、コミュニケーションをとっているのです。

「かわいい」と言うことによって、相手のいいところを発見できるスイッチが入ります。

かわいいところが見つかれば「かわいい」と言うのではありません。

勉強ができて、仕事もできる帰国子女は、面接で通らないことがよくあります。

「冷たい」と言われるのです。

「もっと笑った方がいいよ」とアドバイスすると、「面白かったら私も笑いますよ。面白くないのになんで笑わなくちゃいけないんですか」と言う人がいます。

その考え方をする人は、アメリカに行っていません。

アメリカ人は、面白くなくてもジョークで笑います。

笑っていると面白くなります。

順番が逆なのです。

「面白かったら笑う」では、永遠に笑えません。

みずから笑いにいくのです。

イキイキしている人は、「面白いに違いない」「おいしいに違いない」と思って、見たり食べたりします。

毎日、この7つの言葉を最低二回ずつ使うことが大切です。

旦那さんに対して、「料理を手伝ってくれない」「お皿を洗わせると雑で、きれいに洗えない」と文句を言う人がいます。

旦那さんには「手間がよけいかかるからもういい。私がするから」と言って、手伝ってくれないことに文句を言うのは間違っています。

それより、「あなたが洗うとキレイ」と言ってしまえばいいのです。

旦那さんも、そう言われるとキレイにしたくなります。

たまに旦那さんが趣味で料理を作った時は、たとえヘタでも「おいしい」と言うと、またつくりたくなるのです。

実際、男性は凝り性なので、「おいしい」と言われると、「もっとおいしくするにはどうしたらいいだろうか」と、料理の本をこっそり読んだりします。

先に褒める言葉を言うのがコツです。

心の中で思うだけでなく、口に出したり、文字に書いて相手に伝えることが大切なのです。

イキイキする
小さな行動

15

思うだけでなく、声に出して言おう。

16

美しいものを見ると、エネルギーと優しさが湧いてくる。

「景色は美しい」「花は美しい」「芸術作品は美しい」「美人は美しい」というのは、わかりやすい美しさです。

それだけではなく、一見なんでもない日用品の中にも美しさはあります。

普通は色を感じていないものでも、あらゆるものに色があります。

それらを美しいと感じられるかどうかです。

うまくいく人は、まわりの人が気づきにくい美しいものにも気づけます。

音楽・美術・彫刻、あらゆる芸術に触れることで、その人にエネルギーが湧いてきます。

落ち込んだ時に、人に元気を与えるのは3つです。

① **医療**

これは健康の元気です。

② **経済**

人間は、稼いで食べていけないと元気になりません。

医療と経済だけでは不十分です。

③ **文化**

これが美しさを教えることです。

美しいものを見たり、いい音楽を聞くと元気が出ます。

単なる精神力ではありません。

戦艦大和が沈んだ時、かろうじて生き残った人たちがいました。

彼らは救助船が向かうまで海で泳いでいる間、歌うと体温が上がるからと軍歌を歌っていました。

それは長続きしませんでした。

軍歌は、瞬間的な元気は出ても、エネルギーの消耗の方が大きいのです。

その後、いつの間にか歌っていたのが小学唱歌でした。

みんなが共通で知っている小学校で習った歌を歌って泳いで生き延びたのです。


美しいものは人間に元気を与えるのです。

元気を与えるには、医療と経済だけでなく、美しいものが必要になります。

古代の時代から芸術はありました。

古代は、病気や飢えとの戦いをしていました。

そんな中、美しいものがあると病気にかからないわけでもないのに、美しいものをつくっていました。

美しいものから人間は元気を得ることができるからです。

病院でも、壁中に貼り紙をするのではなく、芸術作品を1枚飾るだけで落書きが減るそうです。

壁中にポスターを貼っているところは、落書きが減りません。

これは、美しいものが人に元気を与えるという証拠です。

東日本大震災では、村の神社やお寺まで流されました。

地元の人たちは、自分の家よりも先に神社やお寺を建て直しました。

それによって人々の元気が湧いてきたのです。

イキイキする
小さな行動

16

美しいものを見よう。

17

もう1人の自分のキャラを、自分で持つ。

仕事についての相談で、
「上司に『あれもやれ』『これもやれ』と指示されたり、お客様にクレームを言われてヘトヘトになるんです」
「お客様にボロクソに言われて全人格を否定された気がするんです。これをどうやって逃れればいいですか」
と落ち込んでいます。

この悩みを乗りこえるには、「仕事の人格と自分の人格を分けること」です。

仕事は、「仕事をする時の自分の役」としてすればいいのです。

たとえば、キャバクラで働いている女性は、お客様に対して余裕があります。

オヤジの相手はめんどくさいです。

それでもできてしまうのは、源氏名で、自分のキャラと違うからです。

自分のキャラのままでは、「私はなんでこんなオヤジの相手をしてるんだろう」と思ってイヤになります。

仕事の時は、自分のキャラと分けていいのです。

役者は、悪役の人ほど、ふだんは優しくていい人です。

それは、悪を芝居の中で吐き出しているからです。

つらいのは善玉しかできない人の方です。

悪を吐き出せる場面がないからです。

僕も役者をしている時、女性にすごく冷たいことを言うセリフがありました。

「これは、自分では一生言えないだろう」と思うと、思い切って演じられます。

私生活ではできないことをできる唯一のチャンスです。

「これは役だ」と思って、あえて積極的に二重人格をつくればいいのです。

高倉健さんがカッコいいのは、高倉健というキャラを演じていたからです。

松岡修造さんは「家ではグダグダしている。外で松岡修造を頑張っているのに、家の中まで続けられないよ」と、自分でおっしゃっていました。

まさにその通りです。

仕事は仕事のキャラですればいいのです。

イキイキする小さな行動

17

仕事は、仕事キャラでしよう。

18

グズグズな自分を見せても、受け入れられる親友を持つ。

元気な自分と元気でない自分がいるのは、SNSで盛るのとは違います。

SNSは、カッコよく見せようとしがちです。

本当はそんなにカッコよくないのに、借金してバッグを買い、現実とのギャップで苦しんでしまいます。

そうならないためには、ホンネのグズグズな部分の自分を見せても受け入れてくれる友達を1人持つことです。

全知全能のカッコいいキャラだけでなく、カッコ悪いキャラも自分の中で1個持っておくことが大切です。

スーパーマンは最強です。

地球上にいる時のスーパーマンは、クラーク・ケントという冴えない新聞記者です。

彼女のロイス・レインにボコボコに言われます。

それがスーパーマンの精神状態にすごくいい影響を与えています。

地球上でも仕事ができる新聞記者なら、きついです。

どちらも完璧を求められてしまいます。

スーパーマンは、悪と戦うヒーローとして完璧な存在です。

地球上ではダメな人間で、ダサい格好をしてボコボコに言われるのは、精神的にバランスがとれています。


SMクラブに来るお客様は、医者・政治家・弁護士など、士（さむらい）のつく仕事の人たちが多いと言われています。

精神的にはきわめて健全です。

仕事でいろいろな人に怒鳴られている人がSMクラブに行って、怒鳴られるというのはありえません。

ふだん、みんなの前で威張っている人は、SMクラブに行くとSにならないのです。

「自分がMをしてみたい」と、違うキャラを持つことが大切です。

SNSで苦しくなるのは、ダメな方を見せられる友達がいなくなるというつらさです。

自分の恋人や親友がだらしない部分を出した時に、それを「かわいい」と思えるのが本当の恋人であり、本当の親友です。

「本当の自分、だらしない自分、弱い自分を出して親友に去られたらどうしようか」と不安になる相手は、そもそも親友ではないのです。

イキイキする小さな行動

18

自分の弱さを見せられる人を一人持とう。

19

企画は、ボツの直後が、一番通りやすい。

たとえば、編集者と作家が一緒に企画をつくります。

編集会議にかけます。

ボツになりました。

企画はボツになることもあれば、通ることもあります。

ボツになることの方が圧倒的に多いです。

企画が通るかどうかより優先順位の高いことは、一緒に仕事をする仲間を失わないことです。


企画は、時の運です。

仲間は一生続くかどうかの大切な人脈です。

この時に、「すみません、私の力不足でボツになりました」というお詫びで終わると、そこでゲームオーバーです。

仕事の流れを線ではなくらせんにして、「こういう企画なら通りそうなので、この方向で再トライを一緒にできませんか」という提案をすると、そこでパートナーは作れます。

企画が一番通りやすいのは、ボツになった直後です。

ボツにした側も、ボツにしたうしろめたさがあります。

ボツにした人は、その企画を改良して持ってくることを待っているのです。

ボツにされると、しばらくふてくされて持ってこない人は、毎回、企画が通りません。

それでは、受け入れてくれる人と、一緒に企画を考えてくれる人の両方を失う可能性があります。

ボツになった直後は、「こういう企画ならなんとかいけそうなんですけど、これでどうですか」という形で返していくことが大切なのです。

イキイキする
小さな行動

19

ボツになったらすぐ再トライしよう。

20

間違った数だけ、点数はアップする。

学生時代のテストの問題を見ると、正解が○、間違ったところに×やチェックマークをつけます。

このやり方をする人は伸びていきません。

イヤになるのです。

一番残念なのは、間違った答えを消しゴムで消して、正解を書くことです。

これは、優等生だった人がしがちです。

自分の間違った記録を残したくないのです。

伸びていく人は、間違ったところを大切にして、合っているところは気にかけません。

人間の成長は、間違ったところにあります。

本来は、間違ったところを○にすればいいのです。

そうすると、間違ったところが多い人の方が得点になるので、０点が１００点です。

90点はプラス10点です。

30点は、プラス70点の分を今日教わることができるので、伸びシロがあります。

従来の○と×のつけ方は変えた方がいいです。

外国のいろいろな書類のフォーマットは、日本人が○を書きたい箇所も、×字でチェックマークを書きます。

あれは「×をつけてください」と言われているようで、少し抵抗があります。

否定ではなく、イエスに×をつけるからです。

レストランで待っている時に名前を書く欄があります。

「中谷さん」と呼ばれて、書いた名前をピッと線で消されると「○をつければいいな」と思います。

自分の名前が線で消されているのは、後から来た人がみんな見ます。

終わったということなら、入った人の名前に○をつけた方が後から見た人にも印象がよくなります。

間違ったところも、×ではなく○をつける習慣にすることでイキイキするのです。

イキイキする
小さな行動

20

間違ったところに、×ではなく○をつけよう。

21 苦手な人にも、ナイーブなところがある。

苦手な人のことを嫌っているわりに、「あの人は最強の人間だ」と能力を過大評価しがちです。

リヒャルト・シュトラウスは、映画『2001年宇宙の旅』で使われた『ツァラトゥストラはかく語りき』という壮大な音楽の作曲家です。

彼は、1歳上の奥さんに頭が上がらない恐妻家です。

シュトラウスはもともと作曲家で指揮をしていました。

ある時、自分の演奏したとおりに歌ってくれない女性歌手にダメ出しをすると、逆ギレをされました。

後に、その女性と結婚したのです。

みんなが「あなたの才能がダメになるから別れた方がいい」と言うのに対して、リヒャルト・シュトラウスは「彼女はああ見えてナイーブなところがあるんです」と言いました。

これは凄いです。

まわりが「あの人は気が強いからダメ」と言う人のナイーブな側面を見つけられた瞬間に、妻と夫の立場は逆転しています。

僕がサラリーマンをしていた時、重箱の隅をほじくるようなタイプの上司がいました。

ある時、よその部署の人から「○○さんは頑固だろう」と言われて、「あれで、けっこう繊細なんですよ」と、上司をかばっている自分がいました。

その瞬間、僕はその上司に対して受け身でなくなりました。

「苦手だな」と思っても、弱点のない人はいません。

相手の弱点や短所を「この人も人間らしいんだな。かわいいんだな」と思ってあげられることが大切です。

映画に出てくる悪役でも、人気の出る人がいます。

それは、その悪役に弱点があるからです。

脚本家は悪役に弱点をつくります。

ヒーローにも弱点をつくっておきます。

『うる星やつら』の主人公の諸星あたるは、女好きという弱点があります。

その弱点で魅力が生まれます。

人間の魅力は、長所ではなく短所についてきます。

僕は『仁義なき戦い』のリメイク版で、本編で山城新伍さんが演じた親分さんの役を演じました。

これは実話をベースにしています。

抗争があって大勢亡くなっているのに、その親分が生き延びたのは女好きだったからです。

出世と女なら、女の方を選ぶタイプで、まわりから警戒されなかったのです。

弱点を持って人間関係が形成されることもあります。

嫌っている人がいても、相手の強いところばかり見ないことです。

イキイキしている人は、相手の弱点に目を向けてそこがかわいいと思ってあげられるのです。

イキイキする
小さな行動

21

苦手な人のナイーブなところを、見つけよう。

22

ガッツポーズの大きな幸福より、小さな静かな至福を味わう。

どうしたら幸福になれるでしょうか。

「幸福（ハッピー）」と「至福（ブリス）」とは違います。

幸福は、「ヤッター」と喜ぶことです。

至福は、しみじみとした幸せです。

強いのは、至福の方です。

試合に勝ったり、宝くじに当たったり、仕事で大成功してガッツポーズをするのが幸福です。

幸福を目指すと、実現しなかった時のマイナスはけっこう痛いです。

これがストレスになります。

至福は長続きして、エネルギーの消耗も少なく、何度でも味わえます。

「ヤッター」という幸福よりも、いかにしみじみとした幸せを大切にするかです。

最初は至福より幸福を求める時期があります。

その時期を早く過ぎて、「至福は至福でいいよね」と味わえるようになることです。

たとえて言うなら、高級レストランでディナーを食べるのは幸福です。

B級グルメで「これはこれでけっこうおいしいんだよね」と味わえるのは至福です。

至福は環境に左右されず、どんなことでも味わえます。

幸福は外的要因であるのに対して、至福は内的要因で生まれます。

自分の気の持ちようで、「○○がおいしかった」「○○がうれしかった」というように数値化できないものです。

あるかないかではなく、いかに至福を味わうかです。

すごく小さなことでもいいのです。

僕は手書きが多くて、ボールペンの消耗量がけっこう激しいのです。

ボールペンのインクがなくなった瞬間、しみじみとした至福を味わいます。

「インクがかすれた。ひょっとして！」と、ボールペンの軸をあけて交換する時に、「使い切った」という満足感が湧いてきます。

「ノートがきれいに書けた」「いい字で書けた」というとても小さいことで至福を味わえます。

第三者にわかるのは、幸福です。

自分だけこっそりわかるのが至福です。

うまくいく人は、ずっと長く続くような至福の感覚を味わえるのです。

イキイキする
小さな行動

22

大きい幸せより、小さい幸せを感じよう。

CHAPTER

3

価値観を変えよう。

23

お土産は、モノより物語をプレゼントする。

旅行する前に「お土産は何がいいですか」とか聞かれると困ります。
「誕生日のプレゼントは何がいいですか」も困ります。
一番のプレゼントは、モノより物語です。
『アラビアン・ナイト』に出てくる**砂漠の民の好きなものは、**

①　旅

②　美女

③　物語

の３つです。
お話が大好きだから『千夜一夜物語』ができたのです。
彼らはいろいろなところに旅をして、旅先での話を聞きたがります。

移動する人たちなので、モノを持っていると邪魔になってしようがありません。物語は運べるし、いろいろなところで体験したことを語れます。最大のお土産は、「どうだった？」と聞かれて「こんな変なことがあってね……」という旅先での話です。

お伊勢参りブームになるのは江戸時代以降の話です。

それまでは人々の移動がありません。

人の移動がないと、どこかから行商人が来るぐらいしか人と接する機会がありません。

ネットがない当時、旅の芸人や行商人、お坊さんなど、移動可能な人たちからよその土地の話を聞くことは、「その話、聞かせて、聞かせて」とすごいごちそうになるのです。

イキイキする
小さな行動

23

物語を、お土産にしよう。

24

体験談から、出会いが生まれる。

仕事で初めての人に会う時に一番めんどくさいのがご挨拶です。

ご挨拶のセリフは決まっていて、会わなくてもわかってしまいます。

「これ、たいしたものじゃないんですけど」と言って、定番の手土産を持ってきてくれます。

挨拶より、面白い物語の方が聞きたいのです。

船井幸雄さんに初めて会った時、「キャバクラの儲かるビジネスモデルはこうなってるんですよ」という話を1時間もしました。

通常、初めて船井先生に会った人は、ずっと船井先生の話を聞くのがお決まりのパターンでした。

「船井先生がこんなに聞く側にまわったのは珍しいですね」と、そばにいた秘書の人たちが驚いていました。

勉強している人ほど、相手の情報を求めています。

竹村健一さんも、話を聞くのがうまい人です。

竹村健一さんの情報量の多さは、相手のナマ体験を引き出す能力が抜群だったということです。

イキイキしている人たちと出会って、かわいがってもらうなら、持っていくものはモノではありません。

「こんなナマ体験があった」という話です。

そうすると、「あの人は面白い」と、かわいがってもらえます。

「あの人は立派な限定のお土産を持ってきてくれる」と言われるより、そのお土産にまつわるストーリーがあることの方が大切です。

そこで出会いが生まれます。

何か企画を通す時でも、企画がいかに素晴らしいか、どれだけエビデンスがあるか、どれだけマーケティング的に正しいかではなく、1つのエピソードを持つことです。

たとえば、自分の商品を売る時、科学的な効能や何%の人が満足しているという話より、「こういうお客様が、この商品を使って、長年決まらなかった結婚が決まった」という話をします。

それは、たった1人のエピソードでも印象が強いです。

一番弱いのが精神論です。

精神論にはファクトが何もないのです。

イキイキする小さな行動

24

説明するより、エピソードを話そう。

25

与えてもらう喜びより、与える悦びを感じる。

「よろこび」という漢字はいろいろあります。

大きく分けると「喜び」と「悦び」です。

「エッコちゃんは漢字でどう書くの？」と聞くと「悦楽の『悦』」と言って、いつも笑いをとっている女性がいます。

そもそも「悦」はエッチな意味だけではありません。

誰かから何かを与えられた時に感じるのが「喜び」です。

自分が人に何かを与えた時に感じるのが「悦び」です。

エッチの時、誰かにしてもらって感じるのは「悦び」ではありません。

小学校時代に、ポスターの「悦」という文字を見るだけで、エッチを想像して友達と笑い合えるのは感性が豊かなのです。
「りっしんべん」がついているのは、メンタル的なものだからです。
「喜」は外面的な要因とすると、「悦」は内面的な要因です。
「前から自分が欲しかったモノが手に入った」という理由があるのが「喜」です。
それに対して**「悦」は理由がありません。**
自分の中に手に入っているものは何もないのです。
1つの行為をする時に、「喜」を求めるのと「悦」を求めるのとでは違います。
「『喜』はないけど、『悦』はあるよね」という行為を選んでいけばいいのです。

イキイキする
小さな行動

25

**理由がある喜びより、
理由がない悦びを感じよう。**

26

投影にすぎない。不安の弱点は、正面。

不安をどうしたらいいでしょうか。

西洋の神話にはドラゴンが出て来ます。

ドラゴンと戦うのがあらゆる物語の原形です。

日本では、鬼という形になります。

ドラゴンや鬼は、自分の中の不安の投影です。

実際には存在しない幻影で、自分自身なのです。

自分が人に対して何かうしろめたいことをすると、そのうしろめたさが形としてドラゴンや鬼になります。

平安時代の人々は、鬼が実在するものと真剣に信じていました。

貴族の政敵との足の引っ張り合いで、権謀術数、悪だくみの限りを尽くして、うしろめたさがあったので、鬼をよりリアルに感じていたのです。

現代人が不安を感じるのは、「こうしたいのにならなかったらどうしようか」という期待感の裏返しです。

期待感とは、自分の都合という私利私欲です。

私利私欲が強くなればなるほど、不安が大きくなります。

向上心がある人でも、うまくいくかどうか心配して不安になります。

不安と向かい合う時、不安という鬼の一番の弱点は正面です。

竜も正面が弱点です。

不安は、どうしても目をそむけたくなります。

そのために正面攻撃ができません。

この原理は、お化け屋敷のお化けのアルバイトと同じです。

お化け屋敷で一番怖いのは、ナマ身の人間が扮するお化けです。

明るいところで見ると、まったく怖くありません。
演出のうまさは、絶対に真正面から来ないことです。
後ろからやって来て、ふっと前を横切り、また見えなくなります。
外で見ると怖くないのは、正面で見るからです。
正面から見ると、いかにもバイト君のお化けという印象です。
正面から見ないで、斜めを横切ることによって怖さが増大します。
これが、不安が増大する原因です。
不安を乗り越える方法はたった1つ、真正面で見ることです。
一番自分が向かいたくない真正面が相手の弱点です。
真正面から見るとドラゴンは意外にカワイイのです。
突破しなければならないことがある時は、正面突破が一番正しい方法なのです。

イキイキする小さな行動

26

正面突破しよう。

27

好きな人には、礼儀正しく、図々しくする。

人への対応の仕方は、

① 好きな人には、礼儀正しく、図々しくする

② 苦手な人には、礼儀正しく、無視する

の2通りです。

大切なことは、礼儀正しくすることです。

してはいけないことは、苦手な人に礼儀をはずしてしまうことです。

好きな人には尊敬があるので、誰でも礼儀正しくします。

嫌いな人は避けたいと思うと、礼儀をはずしてしまうのです。

「向こうからやって来た」と思うと、挨拶しないで、すっと隠れたりします。

それがまた目立って、「今おまえ隠れたろう」と捕まるのです。

礼儀正しくした方が、無視できます。

礼儀正しくすると、接しなくていいのです。

好きな人との接し方で失敗するのは、礼儀正しくしすぎて距離をとってしまうことです。

遠慮してしまうのです。

これがつきあい方の一番の失敗です。

礼儀正しくしていれば、図々しくてもいいのです。

好きな人と嫌いな人とのつきあい方の落差をきっちりつけます。

嫌いな人ほど礼儀正しくします。

礼儀は、相手との距離のバリアを張るためにあります。

嫌いな人ほど、自分から積極的に挨拶をして、まるで無視しておけばいいのです。

イキイキする
小さな行動

27

苦手な人には、礼儀正しく、無視する。

28

決断力が要ることは、価値を感じていないので、しなくていい。

どうすれば決断力を持てるでしょうか。

そもそも「なぜ決断をしなければいけないか」を考えればいいのです。

迷わない時は「それはAじゃなくて、Bでしょう。一目見たらわかるじゃないですか」と言います。

それは、「こっちは面白くなくて、あっちの方が面白いじゃないですか」と、価値軸が決まっているからです。

迷う時は、「Aはこういうメリットとデメリットがあって、Bはこういうメリットとデメリットがある……」と、価値軸が決まっていないのです。

すべてのものにメリットとデメリットはあります。

ＡのメリットとＢのメリットとの比較ができるのが価値軸です。

メリットの比較ができないのは、価値軸がないからです。

不動産屋さんに行って、マンションが決められない人がいます。

「こっちの方が新築だ」「こっちの方が高い」「駅から近い」というすべての要素を見て、自分がどれを大切にしているか考えます。

そのうちの何を捨てられるかです。

「これはどうでもいい」という価値軸を持つことです。

ある経営者の人に女性の好みを聞いてみました。

「性格のいい人とルックスのいい人だったら、どっちですか」

「ルックス」

「品のある人とルックスのいい人だったら、どっちですか」

「ルックス」

「頭のいい人とルックスのいい人だったら、どっちですか」

「ルックス」

「じゃ、ルックスの中で、顔とスタイルだったら、どっちですか」

「スタイル」

「胸と足では、どっちですか」

「足」

と、即答されました。

これが価値軸が決まっているということです。

何を出しても「足」しか言いません。

会った人の顔は覚えていないそうです。

奥さんの横で、そう答えたのです。

その時、奥さんは笑っていました。

「足がきれいなら、性格がどんなに悪くても、品がなくてもいい」と、ブレがありません。

これは、その人の価値軸なので、世の中一般の基準はまったく関係ありません。

個人の価値軸がある人は迷いがないのです。
迷う人は、「捨てるもの」が決められません。

家の中が片づかない人は、「Aがあれば、Bはどうだっていい」という捨てるモノが決まらないのです。

価値軸があれば、決断力は要らないのです。

イキイキする小さな行動

28

決断力より、価値軸を持とう。

29

「要る」と思っていても、「なくても困らないこと」がある。価値軸は、手放すことで、手に入る。

価値軸のある人は、「これはどうだっていい」と手放すものが決まります。しがみついている人は、「すべてのものを残しておきたい」と思い、永遠に価値軸が決まりません。

部屋の片づけと同じです。

部屋が断捨離できない人は、断捨離しないから価値軸が決まらないのです。

価値軸があるから断捨離できるのではありません。

断捨離するから、価値軸が決まるのです。

断捨離すると、「しまった。これ、ないと困るんだよな」というモノが必ず見つかります。

勢いで捨てすぎてしまうことがあるからです。

そのモノの大切さは、捨てることで初めて気づきます。
捨てる前は気づいていないのです。
その証拠に、家族がこっそり捨てて、まったく気づかないモノもあります。
それは、不具合を感じていないわけだからそもそも要らないのです。
手放すことによって、そのモノが必要かどうかがわかります。
所有することでは、価値はわかりません。
まず最初にするのは、手に入れることではなく、手放すことなのです。

イキイキする小さな行動

29

まず、手放そう。

30

無視が、最高の復讐になる。

「なんとか思い知らせてやりたい」と怒っている人がいます。

一番悲惨な展開になるのがＳＮＳで復讐するという形をとることです。

ＳＮＳで復讐すると、ノってくれる人もいます。

それが、あるところから反転して、自分が攻撃される形になります。

最終的には自分の炎上で終わるという展開は、すべての人がハマる基本パターンです。

一歩間違えると人間不信になってしまいます。

優秀な人がこのパターンにハマることがけっこう多いのです。

「思い知らせてやりたい」「このままでは腹の虫がおさまらない」と思った時に、勧善懲悪があるのは、ドラマの話だけです。

現実の世界では、最終的には、復讐した人は自分の炎上で終わります。

今まで味方になってくれていた人が、「そこまでする必要はないだろう」と、いきなり反転してくるのです。

最高の復讐は、無視です。

子どもの教育で最もしてはいけないことは無視です。

子どもには、無視するよりは叱った方がいいです。

叱ったらかわいそうだからといって放置すると、実際は無視になって、叱る以下のことになります。

復讐する時は、その人のことを記憶から消去してしまうことです。

「そんな人いましたっけ」という感覚でいることが、最高の復讐になるのです。

イキイキする小さな行動

30

復讐したい人には、無視する。

31

ワクワクは、「安全第一」でない方にある。

仕事でも、趣味でも、勉強でも、どうしたらイキイキすることにめぐり合えるでしょうか。

毎日は、選択の連続です。

イキイキしない人は、あらゆる選択の中で「安全第一」をとっているのです。

安全第一は、ハズレはないですが、イキイキは生まれません。

イキイキは、ドキドキです。

レストランでメニューをあけて、パッと目についたハンバーグを頼みます。

ハンバーグが好きだから、「ハンバーグ」の文字が目につくのです。

その時に、「なんだ、これ」と思うようなものを頼んで、「すごいモノが出てきたらどうしよう」とドキドキするのがイキイキになります。

知らないお店に入るか、知っているお店に入るかも選択です。

知らないお店に入っても、知っているメニューを頼むか、知らないメニューを頼むかで分かれます。

僕がたまたま入ったスープカレーのお店は、カレーとは関係ないフィギュアが並んでました。

一見、カレー屋さんに思えないような、かわいらしいお店です。

スープカレーは辛い店が多いのですが、ここならそんな辛くないだろうと思いました。

その店は辛さが6段階あって、辛さにはけっこうこだわっているようです。

僕は一番辛くないメニューを選んで、ルー増量にしました。

結果、とてつもなく辛かったのです。

しかも、ルー増量までしてしまいました。

ひと口食べる前に、背中から汗が出たのがわかりました。

「このフィギュアはトリックだったなあ」と思いながら、初めて来たお店で残すのは感じが悪いので、頑張って食べることにしました。

ここからは修業です。

先に出たラッシーも飲み切ってしまっていたのです。

これは、なじみのお店では語れないエピソードです。

エピソードとして語れることが、ドキドキしたということです。

ドキドキしないことはエピソードにならないのです。

「食べる前に背中から汗が出た」というのは、もはや「おいしい」とすら言っていません。

これは僕の人生の物語の中での１つの体験です。

おいしいお店より、エピソードのあるお店のほうが「そのお店教えて」と言われることが多いです。

その方がみんなの興味が湧くからです。

これが「イキイキ」です。

「店長オススメ」には、ワクワクはありません。

レストランでも、映画でも、オススメでないものを選ぶことでワクワクできるのです。

イキイキする
小さな行動

31

「店長オススメ」でない方を選ぼう。

32

体験とは、「手が震えること」をすることだ。

体験をたくさんした方がいいというのは、わかります。
ただし、グズグズする人の体験の定義が違うのです。
体験とは「手が震えること」です。
どれだけ手が震えることをしているかです。
「手が震える」かどうかが一番わかりやすいのです。
本当の体験は、「名前を書いてください」と言われても、手が震えて書けません。
そういうことは、冷静に考えたらできないのです。
だから冷静に考える前に「やる」と言ってしまいます。
考えに考えて熟慮したことは、体験になりません。
あまり考えないでしたことが、手が震えることに出会えるキッカケになります。

「あんなことをよくやれたなあ」

「あの時は知らなかった」

「書いてあることを読まなかった」

と、後から気づいて震えが来るのです。

アメリカに行くたびにスカイダイビングに誘われます。

最初に、手の形とか体の形を練習させられます。

いざ体験という時に、スタッフに「この書類にサインしてください」と言われました。

すべて英語で書いてあります。

スタッフも毎日している説明なので早口です。

深く考えずにサインした後に、文章の中に「Ｉｆ」「ｄｅａｄ」いう単語がパッと見えたのです。

すごい決断をする人は、あまり考えていないからできるのです。

人生を変えるような大きな決断ほど、あっさりしてしまうのがコツなのです。

イキイキする
小さな行動

32

「手が震えること」をしよう。

CHAPTER

4

自分を変えよう。

33

覚悟とは、バンジージャンプをすることではない。見返りを放棄することだ。

たいていの人は「覚悟あります」と答えます。

「でも、万が一うまくいかなかったらどうしましょう」と言うのです。

それは「覚悟がある」とは言えません。

その人は、バンジージャンプとかスカイダイビングのような勇気体験をすることが覚悟だと思っています。

本当の覚悟とは、放棄するものを決めて、「これはなくなっても大丈夫です」と言えることです。

覚悟は、他者承認を放棄することです。

報酬・称賛・感謝がなくてもすることが覚悟です。

怖いことをすることではありません。

他者承認を放棄した段階で、腹が据わって、覚悟が決まるのです。

ゴッホは腹が据わっていました。

生涯で絵が1枚しか売れていないからです。

本人も「どうせ売れない」と思っています。

その時点で、売れるかどうかは考えていないのです。

画家がみんな生前に絵が売れないわけではありません。

生前から絵がたくさん売れていた画家もいます。

そういう画家は今日の美術の教科書に1つも名前が残っていません。

売れると「売れるモノをつくろう」という気持ちになって、売れないモノは怖くてつくれなくなります。

結局、大衆に媚びたものになって、美術的には価値がなくなるのです。

イキイキする
小さな行動

33

見返りを、放棄しよう。

34

「自信」とは、「どこかまだよくできる」と感じることだ。

自信はどうしたら持てるでしょうか。

芸術でも、楽器の演奏でも、スポーツでも、「自分は全然ダメだな」と自信がなくなって、ここでくじけるのです。

自信は「できること」ではありません。

「ダメだ」と思うことでもありません。

向上心を持って何かの目標に向かっている状態が、すでに自信です。

「まだ改善できる」と思うことが向上心です。

「もうできた」と思うと、うぬぼれになります。

「まだダメだ」では先に進めません。

ダメなのはわかっているのです。

僕が博報堂でコマーシャルをつくっている時に、上司に「最後の1秒まで改善できるところは直せ」と教わりました。

改善とは「もう少しここはできる」「まだここができる」ということです。

「ここがダメ、あれがダメ」と言い始めると、そんなことはわかっています。

大切なのは、「ここはまだ改善の余地がある」「もっとよくできる」ということを日々直していくことです。

「ここがダメ」というのは、評価をしているだけです。

自分の作品に対しても、他者の作品に対しても、評価はいりません。

他者からの評価も気にしなくていいのです。

他者から「ここはもっとよくできる」という改良点を教えられることがあります。

それは聞いてもいいし、聞かなくてもいいのです。

それを聞くことによって、「他者」のことになってしまうからです。

「ユーチューブで再生回数が伸びないんです。どうしたら伸びますか」と聞いている時点で伸びないのです。

再生回数が伸びる人は、自分で工夫する人です。

再生回数の多い人のマネをすると、よけい伸びなくなります。

しょせんオリジナルにはかなわないからです。

アドバイスとして、通常は何かを直させようとします。

僕は「ヘンなところをもっと伸ばせ」と言っています。

本人がくじけそうになっているところを、もっとマニアックにすることで再生回数は増えていくのです。

イキイキする
小さな行動

34

「まだダメ」より「まだできる」と試そう。

35

自分のやりたいことを見つけるには、数をこなすこと。独創は、多作から生まれる。

自分のやりたいことを見つけるにはどうしたらいいでしょうか。

それは「自分の個性を出すにはどうしたらいいか」という問いでもあります。

みんな自分の個性で勝負していきたいのです。

個性は、作るものではありません。

作った時点で、それは個性ではなく、単に乗っけただけの装飾です。

個性とは、もともとその人の中にあったもので、他の人とは違うものです。

自分で自分の個性を見つけるまでが大変です。

つい、ほかのよさそうな個性を自分に盛りつけようとしてしまいがちです。

盛りつけている感はバレるのです。

自分の中に眠っている、ほかの人と違う個性に気づく方法は、たった1つ、仕事量をこなすことです。

量をたくさんこなせばこなすほど、独創性が生まれてきます。

個性は、自分では気づかないものです。

「私の個性は、これです」と言っているのは、個性ではありません。

「そういうものに見られたい」というコンプレックスです。

面接で「あなたの個性はなんですか」と聞くのは、おかしいのです。

それはその人のコンプレックスを聞く質問です。

「友達が多い」と言う人は、友達が少ないことで悩んでいる人です。

「私はモテる」と言っている人は、モテたいと思っている人です。

本当に友達の多い人、本当にモテる人、本当のお金持ち、本当に頭のいい人は、みんなそれが当たり前だと思っているので、あえて言わないのです。

超能力を持つ人は、こんなことはみんなができて、少しもすごいことではないと思っています。

「私は超能力がある」「私は霊視ができる」と言う人は、「超能力があったらいいな」「霊視ができたらいいな」と思っている人なのです。

カラオケで、10曲ぐらいまでは、自分も得意で、みんなにウケる歌を歌います。10曲を越えると、その人の本当に好きな曲が出てきて、みんなバラけていくのです。

これが「たくさん仕事をする」ということです。

量をこなすことで、どうしようもなく個性が出てしまうのです。

「仕事の量があまりにも多すぎて、自分のやりたいことができない」というのは、逆です。

仕事の量が圧倒的に多いことによって、その人自身の本来の個性が芽生えてきて、独創性にたどり着くことができるのです。

イキイキする
小さな行動

35

小さい行動の数を増やそう。

36

名前をつけると、自分のものになる。

仕事となると、嫌いなものでもしなければならないことがあります。
その時、嫌いなものを好きになるには、名前をつければいいのです。
これが小さな行動です。
好きなものには、名前をつけています。
嫌いなものには、名前がありません。
名前をつけると好きになるのです。
犬の散歩で、犬が嫌いな人は「犬」としか思いません。
「犬」以外のカテゴリーがないのです。
犬好きの人は、飼主に「柴犬ですか」「豆柴ですか」と尋ねます。
「犬」から「柴犬」「豆柴」へと進化しているのです。

さらに、「お名前は？」と言って、犬の名前を聞きます。

犬の散歩は1回では終わりません。

行動形態が似ているので、よく会います。

次にまた会った時に、「あ、○○チャン」と、犬の名前を呼ぶことによって、飼主さんとも仲よくなります。

名前が好きになるかどうかに関係しているのです。

好きなものは、名前を知ったから好きになったのです。

好きだから名前を知ったのではないのです。

ディズニーランドでトイレを掃除している人は、1台1台の便器に名前をつけています。

その人にとっては、もはや「便器」ではないのです。

スカイツリーの中の「すみだ水族館」にはペンギンが49匹います。

新人の飼育員の最初の仕事は、ペンギンの顔と名前を一致させることです。

同じ種類のペンギンでも、ごはんの量を1匹1匹調整する必要があるからです。

嫌いな人は名前を覚えません。

好きなものは自分で勝手に名前をつけます。

人気のある先生にはニックネームがあります。

ニックネームがたくさんある先生が人気のある先生です。

恋人も呼び方の数が増えれば増えるほど関係が深くなります。

「これは苦手だな」と思うものがあったら、名前をつけてしまえばいいのです。

高校時代、僕は科目では国語が好きでした。

レタリングも好きだったので、いつも大学ノートにレタリングで科目のタイトルを入れていました。

ある時、「現代国語」と入れようとして、いきなり1文字目に「国」と書いてしまいました。

「やってしまった。どうしよう」と思って、とりあえず「国語現代」と書きました。

『週刊現代』みたいで、「現代国語」よりオシャレです。

僕はそれが気に入って、次からもずっと「現代国語」は「国語現代」とレタリングしていました。

また、小学校の時には将棋にハマりました。

小学校、中学校とずっと将棋をしていて、棋譜もつけていました。

ライバルは石田君です。

棋譜をつけるノートの名前は「敗戦記録」です。

勝った記録もありますが、「敗戦記録」というノートがなんとなくカッコよかったのです。

アメリカ人は作戦に名前をつけるのが好きです。

ハリウッド的というか、なんでも演劇化してしまいます。

プロジェクトでも人間でも、記号ではなく名前をつけることで、それに対して愛着を感じられるのです。

イキイキする小さな行動

36

苦手なものには、名前をつけよう。

37

つらい現実は、物語として受け止める。自分の物語と考えると、主人公になれる。

つらい現実を乗り越えるには、どうしたらいいでしょうか。

つらい現実を受け入れて乗り越えるためには、「つらい現実」ではなく、「これはこういう物語だ」と解釈すればいいのです。

物語の主人公は、自発です。

わき役は、受け身です。

自分の人生の主役ができないことが一番つらいのです。

現実においては、ハッピーかアンハッピーで分かれます。

物語においては、主役かわき役かで分かれます。

能動か受け身かで分かれます。

物語の世界でつらいのは、自分で自分のストーリーを展開できないことです。

物語のジャンルは関係ありません。

悲劇よりラブコメの方がいいということはないのです。

「ラブコメのわき役」と「悲劇の主人公」では、「悲劇の主人公」の方がカッコいいです。

物語においては、最終的に勝つ人より、最終的に負けた人の方が見ていてカッコいいのです。

僕が小学5年生の時に『ルパン三世』のTVアニメ放送が始まりました。

ルパン三世のカッコいいところは、盗んだお宝を最後に不二子チャンにとられて笑っていることです。

ルパンは、お宝の所有には興味がありません。

お宝を盗むストーリーが好きなのです。

お宝は不二子チャンにあげてしまえばいいのです。

次元と五右衛門がルパンと一緒にいるのは、お宝の分け前が欲しいからではありません。

それよりも、ルパンとワクワクする冒険を一緒に楽しみたいのです。

映画『パイレーツ・オブ・カリビアン』のジャック・スパローにみんながついていくのは、報酬が欲しいからではありません。

福利厚生がいいとか、そういうことではありません。

それなら海軍に行けばいいのです。

海賊を選んだのは、ジャック・スパローとの冒険を一緒に体験したいからです。

これが『ワンピース』の世界です。

最終的な目的は、何かを手に入れることではありません。

イキイキした人と一緒に行動して、冒険して、物語を共有することです。

それが悲劇だろうが喜劇だろうが、そんなことはどうでもいいのです。

イキイキする小さな行動

37

「ラブコメのわき役」より、「悲劇の主人公」を選ぼう。

38

自分の冒険に、責任を持つ。

その冒険に責任をとれるのが、自分の冒険です。

責任をとれないのが、他人の冒険です。

「責任をとる」とは、自分の考えで決めるということです。

他人のせいにしないということです。
① 自分の考えで動いている人
② 他人の考えで動いている人
の2通りがいます。

自分の考えで動きたいなら、他人の考えで動く人に対して、そっとしておきます。

上司が上の言いなりになってつまらないと思ったら、「あなたはあなたで頑張ってくださいね」と、無視するのです。

そもそも生き方が違うのです。

どちらを選ぶかは自由です。

お互いにとやかく言わない方がいいのです。


ＳＮＳで叩かれて、凹んでいる人がいます。

ＳＮＳで攻撃を仕掛けてくる人は、自分の考えでは言っていません。

他人の考えに乗っかって、「今、この人に抗議をしたら楽しい」という流れに乗っているだけです。

流れに乗ろうとする人たちの集団が炎上を起こしています。

気にする必要は、まったくないのです。

上の人の顔色ばかり見ている上司は、自分の考えを放棄して、他人の考えで生きる生き方をしています。

それはそれでひとつの決断であり、覚悟です。

自分の考えで生きていくのか、他人の考えで生きていくのか、それは自分で決められます。

自分の考えで生きていこうと決めたら、「他人の考えで生きていく人」に対して寛大に接すればいいのです。

イキイキする
小さな行動

38

他人の答えより、自分の答えを選ぼう。

39

イキイキは、予定を離れたところから生まれる。

イキイキを手に入れたい時にしてはいけないのは、予定通りにおさめようとすることです。

たとえば、講演は事前の打ち合わせでテーマを決めてから実施までに2カ月ぐらいあります。

それまでに世の中はいろいろなことが起こっています。

「今、世の中はこんな状況ですから、こういうテーマに変えませんか」と言うと、「一応ポスターとかパンフレットに書いてあるので、予定通りでお願いします」と言う主催者と、「いいですね。それでお願いします」と言う主催者の2通りに分かれます。

それによって、来たお客様の満足度はまったく違います。

お客様の感じは行ってみないとわかりません。

「今日はこっちの話に変えましょうか」と言うと、「ぜひそうしてください」と拍手が起こるところと「予定通りにお願いします」と言うところとに分かれるのです。

講演で一番盛り上がるのは、予定とは違う話をした時です。

その場でしか生まれないものが生まれているからです。

レジュメ通りいかない時が一番盛り上がるのです。

講演の前に、僕はその日のお客様のことを考えてレジュメをつくります。

それを持っていくのを忘れることがあります。

「しまった。せっかくあんなに考えてレジュメを作ったのに」と思いながら、実際には忘れた時の方が面白いのです。

大体レジュメ通りに進んだ時は、逆に自分の中ではいま一つです。

予定通りにいかないことが「イキイキ」です。

旅行でもなんでも、予定通りをよしとしないことです。

会話でイキイキしない人は、それた話を元に戻す人です。


「今、そこでしか生まれないもの」をせっかく作っているのです。

その流れは台本ではつくれないものです。

その流れに乗らないのはもったいないのです。


CMの撮影は、一コマを20テイク撮ります。

コンテは1テイク目で撮れます。

それはプロが集まってやっているからです。

得意先に見せられる試写を1テイク目でつくってしまうのです。

あとは予定からはずれたものをひたすら作る作業になります。

これで面白いものができるのです。

最終的にはスポンサーさんが選びます。

予定通りのコンテを選ぶスポンサーさんと、予定からはずれたコンテを選ぶスポンサーさんの2種類がいます。

話題になるＣＭは、予定からはずれたものを選んだスポンサーさんのＣＭです。

「予定通り」は、やってみなくても大体わかるところへおさまるから面白くないのです。

家で料理を作る時も、食材がそろっていると、最低限のものはできますが、面白いものはできません。

食材が足りなくて代替品で作った時の方が、より面白くておいしいものができるのです。

イキイキする
小さな行動

39

予定通りを、手放そう。

40

歩きやすい道があったら、ワナだ。

やりたいことがあるのに、その道が見つからないということがあります。

方法がわからない、だから前に進めない。

道に迷っている時に歩きやすい道が見つかったら、それはワナです。

歩きやすい道を進むと、失敗します。

時には、だまされるのです。

新聞で詐欺の事件が出ていると、被害に遭わなかった人は「こんなの、ひと目で詐欺とわかるでしょ」と言います。

「１００万円預けたら来月２００万円になる」という話は、明らかにサギです。

楽して儲かるという道は、詐欺に間違いないのです。

道がなければ、正解です。

ワナができ上がっているのは自然界の仕組みです。

ワナが悪いのではありません。

ワナを仕掛けている人は、コツコツ頑張ってワナをつくっているのです。

昆虫のウスバカゲロウの幼虫のアリ地獄のワナにかかるのは、1カ月に1匹だそうです。

はまる方がおかしいのです。

それを待っているのは、とんでもない忍耐力です。

クモもクモの巣を年がら年中補修しています。

木の葉がついたら、すぐに取り除きます。

木の葉に虫が当たると逃げられるからです。

職人のようにコツコツと仕事をしているのです。

詐欺をする人は、行為はよくないことですが、準備は入念にしています。

「こうしたらラクに成功する」という詐欺にかかってはダメです。

それは童話でもはずれるパターンです。
道があるところを歩かないことです。
「安全第一」が、詐欺に遭うことになるのです。

イキイキする
小さな行動

40

道があるところを、歩かない。

41

びくとも動かない壁に、体当りする。少しは、動いている。協力者が、あらわれる。

夢をかなえようとすると、壁にぶつかります。
壁はびくともしません。
諦めそうになります。
実際には、壁は、測れないぐらいわずかな量で動いています。
これを信じるかどうかです。
壁に入ったヒビは外からは見えません。
自分が思っている以上に壁は動いています。
動かない壁はないのです。
これが自然科学です。
何かの力を加えれば、その力は確実にそのモノを動かします。

ここに無効力感を感じる必要は、ありません。
動いていないように見えても、動いているのです。

挨拶も同じです。
挨拶をしても返事をしない人がいます。
された人は、「なんでこの人が挨拶するんだ」と、キョトンとしています。
「知らない人から挨拶されるなんて、気持ち悪い」と思っているのです。
次にその人に会った時に、また挨拶します。
それを1カ月ぐらい続けると、「気持ち悪い」という顔をしなくなります。
さらに1カ月続けると、うっすら会釈のようなことをするようになります。
それを続けていると、やがて挨拶を返すようになるのです。
これが、壁が0・0000……1ミリ動いているということです。
壁に体当たりして、ぶつかってもやめないことで、やがて協力者が出てくるのです。
中国の現代アーティスト、蔡國強《ツァイグオチャン》の作品「ヘッド・オン」を横浜美術館で見て感動しました。

99頭のオオカミが挑んでいってガラスの壁にぶつかるという作品です。

オオカミは、落ちてきて、また帰っていって壁にぶつかります。

落ちてめげているオオカミがいます。

そのめげているオオカミを励ましているオオカミがいます。

それを何度も繰り返すのです。

その作品の中で、自分はどの人間になるかです。

壁にぶつかっても体当たりを続ける人は、体当たりをしている人に対して拍手を送れます。

拍手を送る人は、拍手を送ってくれる人の存在に気づけます。

体当たりをしていない人間は、体当たりしている人間に「そんなことやめろ」と言います。

万が一成功されたらも、体当たりをしなかった自分がバカらしくなるからです。

体当たりをしていると、

①「やめろ」と言う人
② 応援してくれる人
の2通りの人があらわれるのです。

イキイキする
小さな行動

41

体当たりしよう。

CHAPTER

5

面倒や苦手を楽しもう。

42

ストレスを取り除くのではなく、悦びでストレスを快感に変える。

どうしたらストレスを取り除くことができるでしょうか。
ストレスを、取り除くことはできません。
負の感情を、取り除くことはできないのです。
取り除こうとすればするほど、負の感情に意識が行ってしまうからです。
小さな悦びがあれば、その悦びが負の感情を忘れさせてくれます。
別のところに目線を持っていって、上書きすることができるのです。
泣いている子どもにガラガラを見せると、ガラガラに目が行きます。
それで泣きたい気持ちを忘れます。
「これを見るな」と言われれば、よけいにそれを見てしまいます。
ストレスも、誰かに幸せを与えて、自分も幸せを感じたら、その悦びでストレスをなくすことができるのです。

イエス様は十字架を背負ってゴルゴダの丘を上がっていきました。

あの十字架は、みんなの罪です。

自分の罪ではなく、人の分の罪を背負っているのです。

それを乗り越えていけるのは、「人を癒やす」という至福感があるからです。

ＮＰＯやボランティアも、至福感があるから続けることができるのです。

イヤな上司にストレスを感じている時に、イヤな上司を取り除くと、今度はイヤな先輩があらわれます。

１つのストレスを取り除いても、別のストレスが立ち上がってくるだけです。

誰かのストレスを取り除く至福感で、自分のストレスを取り除くことができるのです。

イキイキする
小さな行動

42

誰かのストレスを取り除こう。

43

すべての人が、超能力を持っている。面倒の中で、超能力が出てくる。

誰でも超能力を身につけることができます。

超能力は、何もスピリチュアルな話だけではありません。

他の人に勝る自分だけの強みが超能力です。

自分のストロングポイントを見つける方法は、めんどくさいことをすることです。

ラクなことしていても見つかりません。

自分が他者に見つけてもらうことも、自分が他者に見つけてあげることも難しいのです。

何もしていない人が「あなたの強みはこれです」と、当てることはできません。

めんどくさいことが起こった時に、そのめんどくさいことを自分が抵抗なくできているることがわかった時に、それが自分の強みになるのです。

これが超能力です。

超能力は、すごい能力というわけではありません。

すべての凡人が持っているものです。

どちらかというと、「大好きではないけど嫌いでもないな」ぐらいの感覚です。

僕は反復作業が嫌いではありません。

むしろ、途中から少しトリップしていくところが好きです。

ひたすら反復作業をする中で、「この反復作業は嫌いでもないな」という感覚になるのです。

反復作業は、めんどくさい人にはめんどくさいのです。

反復作業をしている人を見て、「よくあんなことができるな」と思っています。

反復作業は、したくてしているというよりは、しているうちにみずから面白味を見出しいく感覚です。

僕の親は染物屋です。

僕が職人のＤＮＡを受け継いでいてよかったなと思うのは、細かいことを工夫するのが嫌いでないことです。

めんどくさい作業でも、そのめんどくささが快感に変わります。

めんどくさくないことは、逆に面白味がないように感じられるのです。

イキイキする
小さな行動

43

めんどくささを、楽しもう。

44

不安は、筋トレと同じ。反復で、強くなる。

「不安をどう乗り越えていけばいいですか」という問いがあります。

心の問題ですが、筋トレと同じです。

ジムに行くと、マシンを持ち上げて筋トレをします。

頭の中で念じるだけで筋肉がつくことはありません。

「意識が大切です」と言いますが、それは持ち上げながらの意識です。

「頭の中で腹筋をしています」と言えるのは、さんざんやってきた名人レベルの話です。

初心者がいきなり意識だけでは筋肉はつかないのです。

大切なのは、どれだけ不安を感じる状況に身を置いていたかです。

どれだけ修羅場をくぐっているかです。

「不安だ、不安だ」と騒いでいる人はこれまでの、不安体験が少ないのです。

不安体験の多い人の方が不安を感じません。

不安に慣れているからです。

その結果として、**不安体験の多い人は、快適ゾーンが広がっていくのです。**

不安体験の少ない人は逆のことが起こります。

快適ゾーンが狭くなって、小さな不安で不安を感じます。

「不安だ、不安だ」と騒いでいる人の方が、レベル的には小さな不安です。

もっと厳しい状況に置かれている人は、不安を小さく感じるのです。

上中下の「中」の人は「下」の人より不安を感じています。

しかも、下には下がりたくないと思っています。

下の人は失うものがないので、勉強するしかないのです。

一番不安を感じているのは、そこそこ真ん中あたりにいる人です。

他者攻撃をするのも真ん中の人です。

「上」の人と「下」の人は自分の考えで行動しています。
困ったことに、自分の考えで行動しない真ん中の人が人数的には一番多いのです。

イキイキする
小さな行動

44

不安ジムで、快適ゾーンを広げよう。

45

自分の不完全を認めることで、人に寛大になれる。スピードも、速くなる。

人に寛大になるためには、まず、自分の不完全さに寛大になることです。

今、オヤジがコンビニのレジ係をしている外国人のバイトさんに文句を言っています。

自分にも相手にも社会にも完全性を求めることで、その人は不寛容になっていきます。

すべてのものは過渡期です。

完成したものではありません。

正しいとか、間違っているとかはありません。

絶対正義というそんなものはないのです。

哲学の勉強をすると、正しいことが正しいとは限らないことがわかります。
それが哲学の勉強をすることのよさです。
法律を守るのが正義なら、大切な人を守るのも正義です。
大切な人を守るために法律を破るのは正義か正義ではないのかという問いがあります。

右から見るか左から見るかで正義が分かれます。
そういうところから物事を考えた方がいいのです。
「あの人は法律を破っているから悪い」と決めつけるのは、間違った正義感です。
法律は、自分ではなく他者に基準を置いた考え方です。
法律を守りさえすればいいというのは、自分では何も考えていません。
大切なのは、自分で考えることなのです。

イキイキする小さな行動

45

自分の不完全を認めよう。

46

苦手な人を倒すより、許す。苦手な人を許すことで、自己肯定感が上がる。

苦手な人とのつきあい方は、

① 無視する

② 許す

の2通りがあります。

乗り越えるやり方は、「許す」です。

許すことによって、自己肯定感を持つことができます。

気に入らない上司がいる時に、その上司だけを見ないことです。

上司にも家族がいます。

家に帰ると、上司は奥さんに怒られています。

子どもにも怒られています。

家で立場がないのです。

その上司は、一生懸命頑張ってきたのに、社内での立ちまわりがヘタで出世コースからそれてしまったのです。

「上司も大変だな」と思えることが「許す」ということです。

「この先浮かばれないな。つらいよね。なんとかうまくいけばいいのに」というぐらいの気持ちで上司を見ることで許せるのです。

相手を「なんでこうなんですか」と非難していると、あるところで逆ギレして「わかりました。好きにしてください。私も好きにやりますから」という捨てゼリフを言いたくなります。

できれば言いかえた方がいいのです。

「大変でしょうけど頑張ってください。私は私で頑張ります。あなたはあなたで頑張って。うまくいくといいですね」と言って、許すのです。

刑務所には看守さんに媚びを売る受刑者がいます。

看守さんに気に入られると、中での待遇がよくなるからです。

そこへ「なんだ、あいつ。おべっか使いやがって」と言う人が出てきます。

おべっかを使って看守に気に入られようとすると、仲間から嫌われるのです。

仲間から嫌われても看守さんにおべっかを使える人には覚悟があります。

そこを「偉いな。自分はあそこまでできないな」と、ほめてあげればいいのです。

これは会社でも刑務所でも起こる現象です。

おせじを言う人、おべっかを使う人、手もみをする人は、その方法を人生の中で選択したのです。


他の人の自分とは違う覚悟に対して称賛することが「許す」ということなのです。

イキイキする
小さな行動

46

「好きにしてください」より
「頑張ってください」と言おう。

47

面倒に立ち向かうことで、仲間とメンターと新しい自分に出会う。

時々、「メンターに相談したら○○と言われました。どうなんでしょうか」と聞かれることがあります。

「どうなんですかね」と思う時点でメンターではないのです。

「10人のメンターに聞いて、意見が五分五分なんですけど」と言いますが、メンターは10人もいるものではありません。

メンターは、慰めてくれる人ではなく、刺激を与えてくれる人です。

身の上相談で慰めてくれる人や、自分の意見を肯定してくれる人をメンターと思っているのは、メンターの定義が違います。

自分の意見と違うことを言われても、「あ、そうか」と、すっと受け入れられるのがメンターです。

「自分と同じ意見なら受け入れて、違ったら受け入れない」というのは、メンターではないのです。

メンターと出会うには、面倒なことにぶち当たることです。

困難なことにぶち当たる時、その過程でメンターと出会うのです。

仲間も、困難の中で出会います。

困難に出会った時に、上っつらの仲間は消えていくのです。

会社が上り調子の時は人が寄ってきます。

下り坂になると、サーッといなくなります。

それを繰り返すことで、本当に大切な仲間だけが残るのです。

時々、下り坂になった方がいいのです。

メンターに出会いたければ、めんどくさい壁に体当たりすればいいのです。

イキイキする小さな行動

47

難しいことに、挑もう。

48

面倒は、変身することで、乗り越える。

面倒な壁を乗り越えるには、誰かの力をかりるというよりは、自分自身が変身するしかありません。

これが映画にでてくるトランスフォーマー（自己変容）です。

環境を変えることで、壁を乗り越えることはできません。

転職しても、上司を入れかえても、部署が変わっても、今の自分を変えなければ、何も問題は完結しないのです。

たとえ環境が同じでも、自分自身が変容することによって、その壁を乗り越えることができます。

乗り越えるコツは、たった1つです。

自分自身の変容です。

「成長」と言うと、何か能力的に増すように感じます。
能力的に増すというよりは、変容です。
そこに能力の上下感はありません。
何か違うものに変わっていくのです。
それは強力な武器を手に入れることでもありません。
ナマコは敵に襲われた時に表面をかたくします。
もっと強い敵が来た時はグニャグニャになります。
変容は、ナマコがグニャグニャになるような感覚です。
変容とは、今までしたことがない行動をとることです。
メンターは、今まで自分が思いもつかなかった選択肢を示してくれる人です。
それを受け入れることで変容できるのです。

イキイキする小さな行動

48

小さい成長を、繰り返す。

49

ストレスの原因から遠ざかることも、攻めだ。

ストレスを取り除くためのより具体的な行動は、ストレスから遠ざかることです。
距離をとるだけでもストレスは減っていきます。
方法は、①ぶつかるか、②逃走するかのどちらかです。
中途はんぱな距離で目をそらすのが一番しんどくなるのです。

別れればいいのに別れない夫婦がいます。
ストレスがかかったら、いったんそこから離れればいいのです。
離れないのは、自分で選んだ行為です。
「離れられないんです」と言いますが、「離れない」のです。
実際は離れられるのです。

ストレスの原因は、ストレッサーです。

ストレッサーに対する生体的な反応を「ストレス」と言うのです。

ストレスを感じるのは正しい生体反応です。

ストレスから逃れる方法は、ストレッサーから距離をとることです。

きわめて単純なことなのです。

イキイキする小さな行動

49

ストレスの原因から、遠ざかろう。

50

すぐ相談するのも、積極的行動だ。

ストレスから逃れるためのもう1つの対策は、相談することです。

ストレスを感じ続けるのは、一人で抱えこむからです。

お店を始めると、怖い人が「みかじめ料をよこせ」と言いに来ます。

「警察に言ったらただじゃおかないぞ」と言うのです。

怖いので、すぐに警察に相談に行きます。

「おまえ警察に言っただろう」と脅されますが、みかじめ料はとられないのです。

相談しないタイプの人はストレスを抱え込みます。

相談しないのは、「こんな相談をしたらなんと思われるだろうか」と、ビクビクしているからです。

「お店に怖い人が来たので、どうしたらいいでしょう」と、すぐに警察に相談すればいいのです。

振り込め詐欺に遭うのは、相談しない人です。

知り合いに相談すると、「どう見ても今流行っている振り込め詐欺だよ」と言われます。

それが詐欺師の一番困ることです。

たとえば、台風が来た後に、「軒下が腐っていないか調べてあげる」と言う詐欺が来ます。

「大分傷んでいる。次に台風が来たら何千万円という被害になるから、今やっておいた方がいいよ。お金がかかるから、会社に内緒で僕が材料費だけでやってあげる」と言うのです。

もちろん詐欺ですが、おばあちゃんは、いい人だと信じてしまいます。

「材料費だけでやってあげる」というのは、材料費詐欺です。

ホームセンターで買ってきた衝立を1個、ポンと立てるだけです。

あとは機械をガーッと動かす音とかを鳴らして終わりです。

「会社に内緒でやるから、人にはあまり言わないでね」というセリフは、詐欺師がいかに相談されることを恐れているかということです。

詐欺師が恐れているのは、怒鳴られることではありません。

「こんなことしてどういうつもりだ」と、詐欺師に怒鳴っている人がよくいますが、怒鳴るよりも警察に相談すればいいのです。

自分だけで何かを解決しようとすることが、一番ストレスをためていきます。

相談することは、逃げることではありません。

相談すると、みんなが同じ問題で悩んでいることがわかります。

「こんな相談をしても嫌われない」という安心感を持つことが大切です。

「こんな相談をして嫌われたらどうしよう」と、人からどう見られるかを気にすることでストレスを感じるのです。

イキイキする小さな行動

50

すぐ相談しよう。

51

好きなことでなくても、忙しいことで楽になる。

フィリップ・スタルクという現代作家がいます。

建築から造形まで、多彩な創作活動をしています。

進行している仕事は、常時２５０件です。

建築が絡んでいるから、ミニマムなもので5年、長いもので40年の案件です。

それを２５０件、並行でやっているのです。

建築は毎日ひたすら難問との戦いです。

役所の人が毎日、建築法上のチェックをしに来ます。

それをクリアしないといけないのです。

役所の検査で一回ＯＫが出たら、それでＯＫというわけではありません。

海外では毎日お役所の人がチェックして、「ダメだ、ダメだ」と言うのです。

それを乗り越えるために、毎日悩み続けています。

スタルクが面倒なことをストレスに感じないのは、常時２５０件抱えていて、悩み続けるヒマがないからです。

こっちにもあって、あっちにもあるという状態です。

実際、ストレスの多い人は悩みが1個です。

その1個の悩みに、ずっとかかわっているのです。

僕が子どもの時に、おじいさんが農業をやっていました。

畝ごとにいろいろなものを植えているので、生えてくる時期はすべて違っていました。

小学校では朝顔の成長記録の宿題が出ます。

あれがきついのは1個だからです。

妹の朝顔には双葉が出ていて、僕の朝顔には出ていないということもあります。

種の状態がそもそも違うので双葉が出るスピードが違うのは当然なのに、焦るのです。

1個を見つめ続けるのは、きついです。

ストレスを感じ続けないコツは、忙しくすることです。

好きなことをすることでもストレスは取り除けます。

好きなことでなくても、忙しいとストレスを感じているヒマはなくなります。

「考えないようにしよう」というのは、すでに考えています。

それよりも別のことをすればいいのです。

それだけのことなのです。

イキイキする
小さな行動

51

「考えない」ではなく、別のことをする。

52

現実は、すべて幻想。
美人も、幻想でできている。
自分を変えるとは、見方を変えることだ。

今のつらい現実をなんとか変えたいと思っても、現実を変えるのはなかなか難しいのです。

そもそも「現実」というものはありません。

「現実」と思っている幻想があるだけです。

上司には上司の現実、仲間には仲間の現実、友達には友達の現実、自分には自分の現実があります。

みんななんとなく同じ世界に生きているように思います。

実際はそれぞれの現実の世界に生きているのです。

現実は幻想なので、解釈を変えると現実が変わります。

実際に現実を変えても、解釈が変わらないと現実は変わらないのです。

美術の世界では、「美人」はいません。

美人は、みんなが頭の中でつくり上げている幻想です。

マスクをすると、見えている顔の部分が減ります。

昔、スキー場で知り合って結婚する人が多かったのは、スキーの時は顔の見えている部分が少ないからです。

女性が布で顔を覆っている国に行くと、みんな美人に見えます。

想像のラインが多ければ多いほど、美人がつくられやすいのです。

美人は個々人がつくり上げている幻想です。

あの人は美人とか美人じゃないとかいう意見が、すでに違います。

それはその人が勝手に思い描いている美人でしかありません。

そう考えると、現実も自分でつくり上げればいいのです。

今、自分の置かれている現実がつらいのか、そこそこ至福なのか、自分でそれを味わっていきます。

雨をつらいと感じるか、「たまには雨もいいな」と感じるかの違いは、自分自身の解釈です。

現実を変えるのではなく、いかに解釈の幅を広げていくかです。

つらくて行動がとれない人は、解釈の幅の選択肢が狭いのです。

CもDもEもあるのに、AかBかの二択になってしまっています。

これはつらいです。

二択は大体、どちらもつらい選択になるのです。

イキイキする
小さな行動

52

現実を変えずに、解釈を変えよう。

CHAPTER

6

イキイキすることに、
しよう。

53

好きなことのリストアップをする。

ストレスを乗り越えていく方法の1つは、好きなことをすることです。

好きなことは、そんなに簡単にはできません。

もう1つの方法は、好きなことをリストアップすることです。

これをやろう、あれをやろうとリストアップするだけで、ストレスは取り除けるのです。

リストアップは、現実性を考えるとできなくなります。

リストアップの段階では現実性は考えなくていいのです。

ブレストも、まずは現実性を考えないことが大切です。

ブレストで一番してはいけないのは、「それはムリでしょう」と言ってしまうことです。

ムリかどうかではありません。

こういうアイデアがある、こういうプランがある、こういう手があるというのを、まずは全部出していけばいいのです。

リストアップは、くだらないものから書いていきます。

すごいものから書いていくと、後が出ないのです。

自分でアイデアを考える時のコツは、くだらないアイデアを一番先に紙に書いてしまうことです。

アイデアマンと呼ばれている人は、一番最初にくだらないアイデアを出すことで、脳のワク組みをはずします。

アイデアを考えるのが苦手な人は、最初に立派なアイデアを出して、後が出にくくなるのです。

自分が司会をしてホワイトボードに書き出す時は、できるだけくだらないものから書いていきます。

そうすると、「あんなのを出してもいいのか」と、みんなの頭が柔軟になります。

くだらないと言われるアイデアの中から、広がるアイデアが生まれます。

ご立派なアイデアからはアイデアが広がらない。

後をとめてしまいます。

カラオケで最初にうまい人が歌った後に歌えなくなるのと同じです。

最初はヘタな人がゴキゲンで歌った方がいいのです。

ヘタな歌を暗く歌われると、空気が沈んでしまいます。

ヘタな歌ほど、ゴキゲンで歌うようにします。

大切なのは、「くだらないこと」をゴキゲンで言うことなのです。

イキイキする小さな行動

53

明日する楽しいことを考えよう。

54

したいことを、分類する。

「したいことはあるけど、難しい」という時、実際は「難しいこともある」ということです。

「難しいことがある」ということは「難しくないこともある」ということです。

「したいこと」をリストアップしたら、次はそれを分類します。

分類の仕方は、3つです。

①　すぐできること
②　ちょっと頑張ればできること
③　かなり頑張らないとできないこと

これが混ざっているのです。

現実問題としては、すぐできることはけっこうあります。

意外にお金もかからないこともあります。

行ってみたいところも、宇宙旅行から近所のお店までいろいろあります。

たしかに、宇宙旅行のようにかなり頑張らないとできないこともあります。

中間の「ちょっと頑張ればできること」が、もっとも差がつきます。

それをする人としない人とに分かれるのです。

「すぐできること」は、すぐしてしまいます。

次に見えてくるのは、「ちょっと頑張ればできること」です。

くだらないことを１つ２つ書いていると、後からどんどんアイデアが出始めます。

ここで大切なのは書き出すことです。

頭の中で考えるだけでは「すぐできること」を見逃してしまいます。

書き出すことによって、手が次のものを呼び出すのです。

イキイキする小さな行動

54

「ちょっと頑張ればできること」をやろう。

55

大量の仕事をすることで、執着がなくなる。

ストレスは、執着から生まれます。

執着をなくすには、とにかく大量の仕事をこなすことです。

「せっかくいいモノを作ったのに、なんで売れないのか」とストレスを感じます。

「せっかくいい企画を出したのに、なんでボツなんだ」と、1回1回に納得いかない出来事があります。

大量の仕事をこなしていると、力を入れてもうまくいかないこともあれば、まさか売れるとは思わなかったものが売れたりすることもあります。

何かが芽が出なくても、その間に別のもので芽が出るということがトータルで起こるのです。

電話は待っているとかかってきません。
スマホを眺めて返信を待っていると、焦りだけが残ります。
忘れて別の忙しいことをすれば、返信に対する執着はなくなるのです。
安藤忠雄さんは、内臓を５つ摘出してもさらにクリエーティブな仕事を続けています。
クリエーティブの秘訣は、忙しくて悩んでいるヒマがないことです。
ヒマになることでストレスが増えるのです。

イキイキする小さな行動

55

大量の仕事をしよう。

56

慰めでは、慰められない。

状況として、誰かを慰める時もあれば、誰かに慰められる時もあります。
ただし、慰め言葉はないのです。

慰められると、「自分は慰められるようなつらい立場にいるんだな」という気持ちになります。

慰めが逆にその人を落ち込ませるのです。

大切なのは、慰めではなく、別のことを考えさせることです。

関西人は、「人がこんなに落ち込んでいるのに、なに笑わそうとしているの」と、よく怒られます。

悩んでいる人を笑わせるのは、関西人の優しさです。

メンターは慰めよりも刺激を与えます。
慰めてもらおうとしたら慰められません。
慰めが欲しい時こそ、刺激を求めに行くことなのです。

イキイキする
小さな行動

56

慰めより、刺激をもらおう。

57

「だから、ダメだ」より、「だったら、こうしよう」。

「あそこがダメ」「だからダメ」というのは、ただ負の評価をしているだけです。

負の評価は、いっさい要りません。

それはわかっているのです。

「上司の頭がかたい」→「だからダメ」ではありません。

「上司の頭がかたい」→「だったらこうしよう」です。

頭がかたい人に何かを通すためには、「だから」ではなく、「だったら」から始めるといいのです。


たとえば、値引き交渉で、お客様に「高いよ」と言われます。

そこで「いや、高くないです」という議論をしても意味がありません。

「だったら、支払いサイトを延ばしましょう」
「だったら、別の合わせ技で何かしましょう」
と、無限にプランB、プランCを出していけばいいのです。

プランBが、ボツになった時の相談の仕方です。

「だから頭がかたいんだよな」「だからうまくいかないんだよな」と言っても始まりません。

メールのやりとりも、「だからこれはダメなんです」で終わらないで、「だったらこうしましょう」という展開にすればいいのです。

イキイキする小さな行動

57

評価より、プランBをだそう。

58

「自分にメリットがあるか」ではなく、「誰かにメリットがある」と考えて行動する。

一歩を踏み出せない原因は、その行為が自分にメリットがあるかどうかを考えていることです。

「これをすることで誰かにメリットがある」と考えると、迷わずに済みます。

「だったら、やろう」「だったら、かかわろう」「だったら、自分の役割をしよう」と思えるのです。

部外者や見物客でいようとしたり、行動を起こせないすべての原因は、自分のメリットが見つからないからです。

「自分のメリットがあればするけど、自分のメリットがないことはしない」と言う人がいますが、自分のメリットがあることはそんなに多くありません。

メリットのあることは、他の人もするのです。

面白い選択が広がって、気づかなかった自分のメリットも生まれてきます。

イキイキは最初から自分のためにしたことではなく、誰かのためにしたことから生まれます。

アルバイトは歩合制ではないので、売上げが多かろうが少なかろうが、バイト料は変わりません。

「ここで新記録を出したら店長のやる気が湧くだろう」「店長がうれしいだろう」「店長の評価が上がるだろう」と考えたら、「だったら、やってやろう」と思えるのです。

これも誰かのためです。

誰かのメリットになることがあれば、その時点で迷わずすればいいのです。

そう考えると、するかしないかの迷いは、まったくなくなります。

これが「小さな親切、誰かのため」ということなのです。

イキイキする小さな行動

58

小さな親切をしよう。

59

アイデアは、余白にやってくる。

アイデアをノートに書く時は、余白を大きくとることが大切です。

紙をケチってギューギューに文字を詰めると、一瞬は「うまくおさまった」と思って得した気分になります。

ただし、それ以上のアイデアは来なくなります。

ノートは、最終形ではありません。

ノートはアイデアを作るための途中のプロセスのツールです。

アイデアが出なければ、ノートの意味はありません。

ノートの余白は、真空ゾーンのようにアイデアを吸い込んでくれるのです。

勉強のできる子は、知識を入れているのではなく、知識が入ってくるのです。

そのためには、まず、勉強して知識を入れます。
それがある瞬間から、**知識が勝手に入ってくる流れが生まれます。**
これが勉強の好きな子に起こっていることです。
次から次へとテーマが出てきて、面白くてしょうがないのです。
教養や美術の世界でも同じことが起こります。
国宝めぐりをしていると、次から次へと「この国宝どうですか」と招待されます。
「まさか秘仏が見られるんですか」と、思いがけないものに出会えます。
これを僕は「国宝のブラックリストに載る」と言っているのです。

イキイキする
小さな行動

59

ノートに、余白をつくろう。

60

きれいなコピーよりも、手書きが頭に残る。

コピーやコピペしたものからは、アイデアが浮かばないのです。

カメラが生まれて、写実ではなく印象派が生まれました。

自分の目で見た自分の感情を表現できるようになったのです。

それと同じように、今は印刷技術がこれだけ進んできたことによって、クリエーティブなアイデアを生み出す上で、手書きの力が見直される時代になってきました。

頭には、目から入るのではなく、手から入るのです。

アイデアは、手で出てきます。

手書きの力があるのです。

イキイキする人は、字を書くことが好きです。

ノートを書くのも好きです。ノートをとることと書道の差はありません。

ノートをとる時も「きれいに書きたい」という気持ちが湧いてくるのです。

きれいに書けなければ、もう一回書き直したいぐらいです。

僕は博報堂にいた時に、ひと晩でコピーを３００本も５００本も書いていました。

それを上司に見せて、「これ、おもろいやんけ」と言われるのは、大体書き間違えたものです。

手でたくさん書いていると、書き間違いが起こります。

書き間違いは、意識と無意識が行ったり来たりする中で生まれます。

それを第三者が見た時に、「これ、面白いな」と思うのです。

書き間違い読み間違いから、「正解からは出ないアイデア」が生まれるのです。

イキイキする
小さな行動

60

書きまちがいを、アイデアにしよう。

61

マスクをしても、笑顔がわかるようにする。

マスクをすることがマナーになりました。
マスクでわかったことは、「この人、笑ってないな」ということです。
マスクは目が強調されて、口は隠されます。
マスクをしていないと笑顔だったのに、マスクをすると目が笑っていないのです。
笑顔を作るのは、目だけではなく、体全身です。
体全身から何か出てくるもので、その人の笑顔を感じているのです。
マスクで写真を撮ると、感じのいい人と感じの悪い人は大きく分かれます。
マスクをすることで、自分が笑顔を口だけでごまかしていたことがわかります。
どれだけ笑顔を表現できているかのチェックができるのです。

表情を大きくすることより、体全体で何かを表現するようにします。
そこで感じのいい人と感じの悪い人とに分かれます。
一部分でなんとかするよりは、全体で何かをすることが大切なのです。

イキイキする
小さな行動

61

体全体で、笑おう。

62

うまくいかなくていい。イキイキすれば、いい。

どうすればうまくいくかを考えると、イキイキしません。
うまくいかなくていいのです。
大切なのはイキイキすることです。

期待した結果が出なくても、「売れなかったけど面白かったね」「売れなかったけど元気づいたね」と、思えればいいのです。

売れて儲かったとしても、イキイキしなかったら終わりです。

どんな状況になっても、イキイキするために考える道筋と、それに必要な知識を講ずることです。

それが学びです。

この本には「うまくいく」なんてことは一つも書いていません。

うまくいくかどうかにこだわらなくていいのです。

自分の頭の中にいる悪魔が行動を潰します。

「そんなことをしてうまくいくのかな。きっとうまくいかないよ」という悪魔のささやきで行動をやめてしまうのです。

それは「うまくいくこと」を目的としています。

うまくいかなくても、イキイキすれば勝ちです。

うまくいくことが幸福だとしたら、イキイキすることは至福です。

イキイキすることを目標にして行動することで、イキイキできるのです。

僕が博報堂時代に、仕事で落ち込んでいる時がありました。

その時、先輩からのメモが、僕の机に置かれていました。

その言葉が、宝物になりました。

〈最近、イキイキしてますね。

君がイキイキしていると、僕はうれしい。〉

イキイキする
小さな行動

62

イキイキする方を、選ぼう。

中谷彰宏　主な作品一覧

ダイヤモンド社

『60代でしなければならない50のこと』
『面接の達人 バイブル版』
『なぜあの人は感情的にならないのか』
『50代でしなければならない55のこと』
『なぜあの人の話は楽しいのか』
『なぜあの人はすぐやるのか』
『なぜあの人は逆境に強いのか』
『なぜあの人の話に納得してしまうのか[新版]』
『なぜあの人は勉強が続くのか』
『なぜあの人は仕事ができるのか』
『25歳までにしなければならない59のこと』
『なぜあの人は整理がうまいのか』
『なぜあの人はいつもやる気があるのか』
『なぜあのリーダーに人はついていくのか』
『大人のマナー』
『プラス1%の企画力』
『なぜあの人は人前で話すのがうまいのか』
『あなたが「あなた」を超えるとき』
『中谷彰宏金言集』
『こんな上司に叱られたい。』
『フォローの達人』
『「キレない力」を作る50の方法』
『女性に尊敬されるリーダーが、成功する。』
『30代で出会わなければならない50人』

『20代で出会わなければならない50人』
『就活時代しなければならない50のこと』
『あせらず、止まらず、退かず。』
『お客様を育てるサービス』
『あの人の下なら、「やる気」が出る。』
『なくてはならない人になる』
『人のために何ができるか』
『キャパのある人が、成功する。』
『時間をプレゼントする人が、成功する。』
『明日がワクワクする50の方法』
『ターニングポイントに立つ君に』
『空気を読める人が、成功する。』
『整理力を高める50の方法』
『迷いを断ち切る50の方法』
『なぜあの人は10歳若く見えるのか』
『初対面で好かれる60の話し方』
『成功体質になる50の方法』
『運が開ける接客術』
『運のいい人に好かれる50の方法』
『本番力を高める57の方法』
『運が開ける勉強法』
『バランス力のある人が、成功する。』
『ラスト3分に強くなる50の方法』
『逆転力を高める50の方法』
『最初の3年その他大勢から抜け出す50の方法』
『ドタン場に強くなる50の方法』

『アイデアが止まらなくなる50の方法』
『思い出した夢は、実現する。』
『メンタル力で逆転する50の方法』
『自分力を高めるヒント』
『なぜあの人はストレスに強いのか』
『面白くなければカッコよくない』
『たった一言で生まれ変わる』
『スピード自己実現』
『スピード開運術』
『スピード問題解決』
『スピード危機管理』
『一流の勉強術』
『スピード意識改革』
『お客様のファンになろう』
『20代自分らしく生きる45の方法』
『なぜあの人は問題解決がうまいのか』
『しびれるサービス』
『大人のスピード説得術』
『お客様に学ぶサービス勉強法』
『スピード人脈術』
『スピードサービス』
『スピード成功の方程式』
『スピードリーダーシップ』
『出会いにひとつのムダもない』
『なぜあの人は気がきくのか』
『お客様にしなければならない50のこと』

『大人になる前にしなければならない50のこと』
『なぜあの人はお客さんに好かれるのか』
『会社で教えてくれない50のこと』
『なぜあの人は時間を創り出せるのか』
『なぜあの人は運が強いのか』
『20代でしなければならない50のこと』
『なぜあの人はプレッシャーに強いのか』
『大学時代しなければならない50のこと』
『あなたに起こることはすべて正しい』

きずな出版

『チャンスをつかめる人のビジネスマナー』
『生きる誘惑』
『しがみつかない大人になる63の方法』
『「理不尽」が多い人ほど、強くなる。』
『グズグズしない人の61の習慣』
『イライラしない人の63の習慣』
『悩まない人の63の習慣』
『いい女は「涙を背に流し、微笑みを抱く男」とつきあう。』
『ファーストクラスに乗る人の自己投資』
『いい女は「紳士」とつきあう。』
『ファーストクラスに乗る人の発想』
『いい女は「言いなりになりたい男」とつきあう。』
『ファーストクラスに乗る人の人間関係』
『いい女は「変身させてくれる男」とつきあう。』
『ファーストクラスに乗る人の人脈』
『ファーストクラスに乗る人のお金2』
『ファーストクラスに乗る人の仕事』
『ファーストクラスに乗る人の教育』
『ファーストクラスに乗る人の勉強』
『ファーストクラスに乗る人のお金』
『ファーストクラスに乗る人のノート』
『ギリギリセーフ』

PHP研究所

『自己肯定感が一瞬で上がる63の方法』【文庫】
『定年前に生まれ変わろう』
『なぜあの人は、しなやかで強いのか』
『メンタルが強くなる60のルーティン』
『なぜランチタイムに本を読む人は、成功するのか。』
『中学時代にガンバれる40の言葉』
『中学時代がハッピーになる30のこと』
『もう一度会いたくなる人の聞く力』
『14歳からの人生哲学』
『受験生すぐにできる50のこと』
『高校受験すぐにできる40のこと』
『ほんのささいなことに、恋の幸せがある。』
『高校時代にしておく50のこと』
『お金持ちは、お札の向きがそろっている。』【文庫】
『仕事の極め方』
『中学時代にしておく50のこと』
『たった3分で愛される人になる』【文庫】
『【図解】「できる人」のスピード整理術』
『【図解】「できる人」の時間活用ノート』
『自分で考える人が成功する』【文庫】
『入社3年目までに勝負がつく77の法則』【文庫】

大和書房

『大人の男の身だしなみ』
『今日から「印象美人」』【文庫】
『いい女のしぐさ』【文庫】
『美人は、片づけから。』【文庫】
『いい女の話し方』【文庫】
『「つらいな」と思ったとき読む本』【文庫】
『27歳からのいい女養成講座』【文庫】
『なぜか「HAPPY」な女性の習慣』【文庫】
『なぜか「美人」に見える女性の習慣』【文庫】
『いい女の教科書』【文庫】
『いい女恋愛塾』【文庫】
『「女を楽しませる」ことが男の最高の仕事。』【文庫】
『いい女練習帳』【文庫】
『男は女で修行する。』【文庫】

リベラル社

『哲学の話』
『1分で伝える力』

中谷彰宏　主な作品一覧

『「また会いたい」と思われる人「二度目はない」と思われる人』
『モチベーションの強化書』
『50代がもっともっと楽しくなる方法』
『40代がもっと楽しくなる方法』
『30代が楽しくなる方法』
『チャンスをつかむ 超会話術』
『自分を変える 超時間術』
『問題解決のコツ』
『リーダーの技術』
『一流の話し方』
『一流のお金の生み出し方』
『一流の思考の作り方』

ぱる出版

『粋な人、野暮な人。』
『品のある稼ぎ方・使い方』
『察する人、間の悪い人。』
『選ばれる人、選ばれない人。』
『一流のウソは、人を幸せにする。』
『なぜ、あの人は「本番」に強いのか』
『セクシーな男、男前な女。』
『運のある人、運のない人』
『器の大きい人、器の小さい人』
『品のある人、品のない人』

学研プラス

『読む本で、人生が変わる。』
『なぜあの人は感じがいいのか。』
『頑張らない人は、うまくいく。』
『見た目を磨く人は、うまくいく。』【文庫】
『セクシーな人は、うまくいく。』
『片づけられる人は、うまくいく。』【文庫】
『美人力』【ハンディ版】
『怒らない人は、うまくいく。』【文庫】
『すぐやる人は、うまくいく。』【文庫】

ファーストプレス

『「超一流」の会話術』
『「超一流」の分析力』
『「超一流」の構想術』
『「超一流」の整理術』
『「超一流」の時間術』
『「超一流」の行動術』
『「超一流」の勉強法』
『「超一流」の仕事術』

水王舎

『なぜ美術館に通う人は「気品」があるのか。』
『なぜあの人は「美意識」があるのか。』
『なぜあの人は「教養」があるのか。』
『結果を出す人の話し方』
『「人脈」を「お金」にかえる勉強』
『「学び」を「お金」にかえる勉強』

あさ出版

『孤独が人生を豊かにする』
『気まずくならない雑談力』
『「いつまでもクヨクヨしたくない」とき読む本』
『「イライラしてるな」と思ったとき読む本』
『なぜあの人は会話がつづくのか』

すばる舎リンケージ

『仕事が速い人が無意識にしている工夫』
『好かれる人が無意識にしている文章の書き方』
『好かれる人が無意識にしている言葉の選び方』
『好かれる人が無意識にしている気の使い方』

日本実業出版社

『出会いに恵まれる女性がしている63のこと』
『凛とした女性がしている63のこと』
『一流の人が言わない50のこと』
『一流の男 一流の風格』

現代書林

『チャンスは「ムダなこと」から生まれる。』
『お金の不安がなくなる60の方法』
『なぜあの人には「大人の色気」があるのか』

毎日新聞出版

『あなたのまわりに「いいこと」が起きる70の言葉』
『なぜあの人は心が折れないのか』
『一流のナンバー2』

ぜんにち出版

『リーダーの条件』
『モテるオヤジの作法2』
『かわいげのある女』

DHC

ポストカード『会う人みんな神さま』
書画集『会う人みんな神さま』
『あと「ひとこと」の英会話』

青春出版社

『50代から成功する人の無意識の習慣』
『いくつになっても「求められる人」の小さな習慣』

ユサブル

『迷った時、「答え」は歴史の中にある。』
『1秒で刺さる書き方』

大和出版

『自己演出力』
『一流の準備力』

海竜社

『昨日より強い自分を引き出す61の方法』
『一流のストレス』

リンデン舎

『状況は、自分が思うほど悪くない。』
『速いミスは、許される。』

文芸社

『全力で、1ミリ進もう。』【文庫】
『贅沢なキスをしよう。』【文庫】

総合法令出版

『「気がきくね」と言われる人のシンプルな法則』
『伝説のホストに学ぶ82の成功法則』

サンクチュアリ出版

『転職先はわたしの会社』
『壁に当たるのは気モチイイ 人生もエッチも』

青春出版社

『50代から成功する人の無意識の習慣』
『いくつになっても「求められる人」の小さな習慣』

WAVE出版

『リアクションを制する者が20代を制する。』

秀和システム

『人とは違う生き方をしよう。』

河出書房新社

『成功する人は、教わり方が違う。』

二見書房

『「お金持ち」の時間術』【文庫】

ミライカナイブックス

『名前を聞く前に、キスをしよう。』

イースト・プレス

『なぜかモテる人がしている42のこと』【文庫】

第三文明社

『仕事は、最高に楽しい。』

日本経済新聞出版社

『会社で自由に生きる法』

講談社

『なぜ あの人は強いのか』【文庫】

アクセス・パブリッシング

『大人になってからもう一度受けたい コミュニケーションの授業』

阪急コミュニケーションズ

『サクセス&ハッピーになる50の方法』

きこ書房

『大人の教科書』

著者略歴

中谷彰宏（なかたに・あきひろ）

1959年、大阪府生まれ。早稲田大学第一文学部演劇科卒業。

84年、博報堂に入社。CMプランナーとして、テレビ、ラジオCMの企画、演出をする。91年、独立し、株式会社中谷彰宏事務所を設立。

ビジネス書から恋愛エッセイ、小説まで、多岐にわたるジャンルで、数多くのロングセラー、ベストセラーを送り出す。「中谷塾」を主宰し、全国で講演・ワークショップ活動を行っている。


本の感想など、どんなことでもお手紙を楽しみにしています。

他の人に読まれることはありません。**僕は本気で読みます。**

中谷彰宏

〒171-0033　東京都豊島区高田3丁目10番11号
株式会社自由国民社　編集部気付
中谷彰宏　行

※食品、現金、切手等の同封はご遠慮ください（株式会社自由国民社）

【中谷彰宏　公式サイト】 https://an-web.com

中谷彰宏は、盲導犬育成事業に賛同し、この本の印税の一部を（公財）日本盲導犬協会に寄付しています。

装丁・本文デザイン　上坊菜々子
DTP　小林菜穂美
編集協力　本多真佑子
営業担当　渡邊慧一
編集統括　三田智朗

君がイキイキしていると、僕はうれしい。

2020年9月18日　第一刷発行

著　者　中谷彰宏
発行者　伊藤滋
発行所　株式会社自由国民社
〒171-0033
東京都豊島区高田3丁目10番11号
電話 03－6233－0781
https://www.jiyu.co.jp

Ⓒ Akihiro Nakatani 2020 Printed in Japan ISBN978-4-426-12638-4